This Book Belongs To:

....

If you enjoyed this book, please consider leaving a review.

The Rules

Your mission is to drive your race car safely to the finish line by solving all the fraction problems along the way.

For each problem, solve the fraction and choose the path that corresponds to the correct answer to move forward.

$$\frac{9}{9} - \frac{1}{2} \quad \frac{2}{2} - \frac{3}{3} - \frac{3}{4} \quad \frac{2}{4} - \frac{4}{8} - \frac{1}{5} \quad \frac{9}{10} \quad \frac{2}{2} - \frac{1}{2} \quad \frac{2}{2} \quad \frac{3}{4} - \frac{1}{3}$$

$$\frac{7}{14} \qquad \frac{2}{14} \qquad \frac{28}{42} \qquad \frac{1}{4} \qquad \frac{3}{4} \qquad \frac{1}{2} \qquad \frac{3}{10} \qquad \frac{1}{8} \qquad \frac{3}{8}$$

$$\frac{6}{7} - \frac{1}{2} \quad \frac{11}{14} \quad \frac{5}{6} - \frac{2}{7} \quad \frac{2}{3} \quad \frac{2}{2} - \frac{2}{3} \quad \frac{9}{10} \quad \frac{2}{4} - \frac{1}{5} \quad \frac{4}{10} \quad \frac{1}{2} - \frac{3}{8}$$

$$\frac{1}{3} \qquad \frac{15}{21} \qquad \frac{9}{21} \qquad \frac{1}{3} \qquad \frac{24}{35} \qquad \frac{4}{7} \qquad \frac{1}{5} \qquad \frac{3}{5} \qquad \frac{1}{2}$$

$$\frac{8}{8} - \frac{4}{6} \quad \frac{9}{21} \quad \frac{2}{3} - \frac{1}{7} \quad \frac{2}{21} \quad \frac{4}{5} - \frac{4}{7} \quad \frac{4}{5} \quad \frac{2}{2} - \frac{4}{5} \quad \frac{2}{5} \quad \frac{2}{2} - \frac{1}{2}$$

$$\frac{3}{3} \qquad \frac{12}{21} \qquad \frac{37}{72} \qquad \frac{11}{21} \qquad \frac{1}{6} \qquad \frac{2}{5} \qquad \frac{5}{8} \qquad \frac{7}{7} \qquad \frac{5}{7}$$

$$🏁 \quad \frac{7}{72} \quad \frac{7}{8} - \frac{7}{9} \quad \frac{5}{6} \quad \frac{2}{2} - \frac{1}{6} \quad \frac{7}{8} \quad \frac{3}{3} - \frac{3}{8} \quad \frac{3}{7} \quad \frac{3}{3} - \frac{4}{7}$$

$$\frac{5}{20} \qquad \frac{30}{63} \qquad \frac{21}{63} \qquad \frac{32}{63} \qquad \frac{4}{6} \qquad \frac{7}{24} \qquad \frac{9}{24} \qquad \frac{13}{24} \qquad \frac{5}{8}$$

$$\frac{2}{5} - \frac{1}{4} \quad \frac{24}{63} \quad \frac{2}{9} - \frac{1}{7} \quad \frac{5}{63} \quad \frac{3}{5} - \frac{2}{5} \quad \frac{1}{5} \quad \frac{4}{6} - \frac{5}{8} \quad \frac{16}{24} \quad \frac{3}{4} - \frac{1}{8}$$

$$\frac{6}{8} \qquad \frac{7}{8} \qquad \frac{7}{12} \qquad \frac{1}{2} \qquad \frac{4}{5} \qquad \frac{6}{24} \qquad \frac{8}{24} \qquad \frac{1}{24} \qquad \frac{4}{15}$$

$$\frac{3}{3} - \frac{5}{8} \quad \frac{3}{8} \quad \frac{3}{9} - \frac{2}{8} \quad \frac{1}{12} \quad \frac{7}{8} - \frac{3}{8} \quad \frac{2}{2} \quad \frac{6}{7} - \frac{3}{4} \quad \frac{15}{15} \quad \frac{4}{6} - \frac{2}{5}$$

Row 1: $\dfrac{2}{2} - \dfrac{3}{4}$ $\dfrac{3}{4}$ $\dfrac{4}{5} - \dfrac{5}{9}$ $\dfrac{41}{45}$ $\dfrac{5}{6} - \dfrac{2}{8}$ $\dfrac{8}{12}$ $\dfrac{6}{7} - \dfrac{1}{3}$ $\dfrac{7}{21}$ $\dfrac{2}{4} - \dfrac{1}{4}$

Row 2: $\dfrac{1}{4}$ $\dfrac{2}{4}$ $\dfrac{5}{8}$ $\dfrac{4}{12}$ $\dfrac{7}{10}$ $\dfrac{11}{12}$ $\dfrac{3}{6}$ $\dfrac{1}{4}$ $\dfrac{1}{4}$

Row 3: $\dfrac{4}{4} - \dfrac{2}{7}$ $\dfrac{3}{7}$ $\dfrac{1}{2} - \dfrac{1}{8}$ $\dfrac{1}{8}$ $\dfrac{4}{8} - \dfrac{2}{5}$ $\dfrac{1}{10}$ $\dfrac{1}{3} - \dfrac{1}{6}$ $\dfrac{6}{6}$ $\dfrac{3}{3} - \dfrac{1}{2}$

Row 4: $\dfrac{5}{7}$ $\dfrac{1}{2}$ $\dfrac{7}{8}$ $\dfrac{3}{8}$ $\dfrac{2}{21}$ $\dfrac{21}{21}$ $\dfrac{1}{6}$ $\dfrac{5}{8}$ $\dfrac{2}{8}$

Row 5: $\dfrac{6}{6} - \dfrac{1}{2}$ $\dfrac{2}{2}$ $\dfrac{2}{7} - \dfrac{1}{6}$ $\dfrac{1}{21}$ $\dfrac{3}{7} - \dfrac{2}{6}$ $\dfrac{9}{21}$ $\dfrac{2}{2} - \dfrac{1}{8}$ $\dfrac{6}{8}$ $\dfrac{6}{6} - \dfrac{7}{8}$

Row 6: $\dfrac{1}{3}$ $\dfrac{2}{3}$ $\dfrac{24}{42}$ $\dfrac{4}{21}$ $\dfrac{7}{21}$ $\dfrac{1}{21}$ $\dfrac{7}{8}$ $\dfrac{1}{6}$ $\dfrac{1}{8}$

Row 7: $\dfrac{5}{6} - \dfrac{5}{8}$ $\dfrac{5}{24}$ $\dfrac{1}{2} - \dfrac{1}{6}$ $\dfrac{2}{3} - \dfrac{2}{4}$ $\dfrac{1}{6}$ $\dfrac{3}{6}$ $\dfrac{4}{4} - \dfrac{5}{6}$ $\dfrac{4}{6}$ $\dfrac{2}{2} - \dfrac{1}{2}$

Row 8: $\dfrac{16}{24}$ $\dfrac{2}{3}$ $\dfrac{2}{3}$ $\dfrac{2}{3}$ $\dfrac{6}{6}$ $\dfrac{4}{6}$ $\dfrac{5}{6}$ $\dfrac{2}{6}$ $\dfrac{1}{2}$

Row 9: [🏁] $\dfrac{1}{2} - \dfrac{7}{7}$ $\dfrac{1}{2} - \dfrac{3}{6}$ $\dfrac{4}{6} - \dfrac{1}{2}$ $\dfrac{4}{6}$ $\dfrac{1}{2} - \dfrac{2}{8}$ $\dfrac{5}{5}$ $\dfrac{2}{2} - \dfrac{3}{5}$

Row 10: $\dfrac{2}{9}$ $\dfrac{24}{56}$ $\dfrac{7}{56}$ $\dfrac{1}{6}$ $\dfrac{5}{6}$ $\dfrac{1}{36}$ $\dfrac{6}{36}$ $\dfrac{21}{36}$ $\dfrac{2}{5}$

Row 11: $\dfrac{3}{3} - \dfrac{7}{9}$ $\dfrac{3}{56}$ $\dfrac{3}{7} - \dfrac{3}{8}$ $\dfrac{11}{56}$ $\dfrac{3}{4} - \dfrac{5}{7}$ $\dfrac{31}{36}$ $\dfrac{7}{9} - \dfrac{3}{4}$ $\dfrac{5}{14}$ $\dfrac{2}{4} - \dfrac{1}{7}$

Time:

2

Score:

$$\frac{2}{2} - \frac{1}{6} \qquad \frac{3}{8} - \frac{3}{8} \quad \frac{1}{4} \qquad \frac{1}{3} \qquad \frac{5}{5} - \frac{1}{3} \qquad \frac{2}{2} \qquad \frac{3}{3} - \frac{3}{6} \qquad \frac{2}{4} \qquad \frac{4}{4} - \frac{2}{3}$$

$$\frac{1}{3} \qquad \frac{1}{4} \qquad \frac{5}{6} \qquad \frac{1}{21} \qquad \frac{11}{21} \qquad \frac{1}{2} \qquad \frac{4}{10} \qquad \frac{17}{28} \qquad \frac{7}{28}$$

$$\frac{7}{7} - \frac{1}{2} \qquad \frac{2}{3} - \frac{4}{8} \qquad \frac{2}{6} - \frac{1}{21} \qquad \frac{4}{7} - \frac{1}{3} \qquad \frac{10}{21} \qquad \frac{4}{5} - \frac{2}{4} \qquad \frac{13}{28} \qquad \frac{3}{4} - \frac{1}{7}$$

$$\frac{1}{2} \qquad \frac{1}{15} \qquad \frac{4}{15} \qquad \frac{5}{21} \qquad \frac{18}{21} \qquad \frac{10}{21} \qquad \frac{15}{20} \qquad \frac{15}{28} \qquad \frac{1}{2}$$

$$\frac{7}{8} - \frac{5}{6} \qquad \frac{7}{15} \qquad \frac{2}{3} - \frac{3}{5} \qquad \frac{5}{15} \qquad \frac{2}{2} - \frac{4}{5} \qquad \frac{20}{20} \qquad \frac{6}{8} - \frac{2}{5} \qquad \frac{2}{2} - \frac{5}{5} \qquad \frac{1}{2}$$

$$\frac{1}{24} \qquad \frac{15}{15} \qquad \frac{14}{15} \qquad \frac{48}{56} \qquad \frac{15}{56} \qquad \frac{53}{56} \qquad \frac{7}{12} \qquad \frac{5}{6} \qquad \frac{1}{6}$$

$$\frac{5}{9} - \frac{3}{7} \qquad \frac{8}{63} \qquad \frac{7}{7} - \frac{2}{5} \qquad \frac{31}{56} \qquad \frac{7}{8} - \frac{2}{7} \qquad \frac{33}{56} \qquad \frac{6}{9} - \frac{1}{4} \qquad \frac{5}{12} \qquad \frac{2}{2} - \frac{5}{6}$$

$$\frac{24}{63} \qquad \frac{18}{63} \qquad \frac{3}{5} \qquad \frac{20}{56} \qquad \frac{41}{56} \qquad \frac{3}{10} \qquad \frac{5}{10} \qquad \frac{6}{10} \qquad \frac{4}{6}$$

$$\frac{2}{2} - \frac{1}{9} \qquad \frac{2}{15} \qquad \frac{4}{5} - \frac{2}{3} \qquad \frac{6}{15} \qquad \frac{2}{2} - \frac{1}{6} \qquad \frac{4}{10} \qquad \frac{2}{4} - \frac{1}{5} \qquad \frac{9}{10} \qquad \frac{2}{6} - \frac{2}{9}$$

$$\frac{8}{9} \qquad \frac{10}{15} \qquad \frac{11}{15} \qquad \frac{15}{15} \qquad \frac{2}{20} \qquad \frac{1}{10} \qquad \frac{17}{63} \qquad \frac{2}{6} \qquad \frac{6}{6}$$

$$\frac{2}{2} - \frac{5}{5} \qquad \frac{1}{2} - \frac{11}{20} \qquad \frac{4}{5} - \frac{1}{4} \qquad \frac{6}{63} \qquad \frac{5}{7} - \frac{4}{9} \qquad \frac{1}{6} \qquad \frac{6}{9} - \frac{4}{8}$$

$$\frac{9}{9} - \frac{3}{4} \quad \frac{2}{3} \quad \frac{5}{5} - \frac{1}{3} \quad \frac{7}{12} \quad \frac{3}{4} \quad \frac{4}{6} \quad \frac{1}{4} \quad \frac{5}{5} - \frac{3}{4} \quad \frac{4}{4} \quad \frac{3}{5} - \frac{1}{4}$$

$$\frac{1}{4} \qquad \frac{4}{6} \qquad \frac{3}{3} \qquad \frac{1}{3} \qquad \frac{1}{12} \qquad \frac{2}{4} \qquad \frac{1}{6} \qquad \frac{10}{20} \qquad \frac{4}{20}$$

$$\frac{2}{2} - \frac{1}{4} \quad \frac{2}{4} \quad \frac{7}{7} - \frac{2}{4} \quad \frac{3}{4} \quad \frac{1}{2} - \frac{1}{6} \quad \frac{1}{4} \quad \frac{2}{4} \quad \frac{2}{6} \quad \frac{1}{20} \quad \frac{1}{4} - \frac{1}{5}$$

$$\frac{3}{4} \qquad \frac{1}{14} \qquad \frac{9}{14} \qquad \frac{3}{4} \qquad \frac{1}{5} \qquad \frac{17}{21} \qquad \frac{8}{21} \qquad \frac{1}{21} \qquad \frac{14}{20}$$

$$\frac{2}{2} - \frac{1}{5} \quad \frac{2}{5} \quad \frac{1}{2} \quad \frac{1}{7} \quad \frac{11}{14} \quad \frac{7}{7} - \frac{3}{4} \quad \frac{6}{21} \quad \frac{2}{6} \quad \frac{2}{7} \quad \frac{17}{21} \quad \frac{3}{6} - \frac{1}{3}$$

$$\frac{4}{5} \qquad \frac{1}{3} \qquad \frac{38}{56} \qquad \frac{1}{8} \qquad \frac{2}{8} \qquad \frac{2}{8} \qquad \frac{2}{5} \qquad \frac{14}{21} \qquad \frac{3}{4}$$

$$\frac{2}{3} - \frac{1}{6} \quad \frac{2}{2} \quad \frac{5}{8} - \frac{4}{7} \quad \frac{5}{8} \quad \frac{7}{8} \quad \frac{2}{4} \quad \frac{3}{8} \quad \frac{3}{3} \quad \frac{3}{5} \quad \frac{1}{5} \quad \frac{3}{4} - \frac{1}{2}$$

$$\frac{1}{2} \qquad \frac{2}{5} \qquad \frac{1}{5} \qquad \frac{5}{8} \qquad \frac{1}{2} \qquad \frac{7}{8} \qquad \frac{4}{5} \qquad \frac{52}{72} \qquad \frac{3}{3}$$

🏁 $$\frac{2}{5} \quad \frac{2}{5} - \frac{1}{5} \quad \frac{4}{5} \quad \frac{5}{6} \quad \frac{1}{3} \quad \frac{2}{2} \quad \frac{5}{9} \quad \frac{3}{8} \quad \frac{62}{72} \quad \frac{5}{5} - \frac{2}{3}$$

$$\frac{6}{14} \qquad \frac{7}{14} \qquad \frac{18}{18} \qquad \frac{4}{24} \qquad \frac{11}{24} \qquad \frac{8}{24} \qquad \frac{5}{7} \qquad \frac{6}{6} \qquad \frac{1}{6}$$

$$\frac{1}{2} - \frac{3}{7} \quad \frac{1}{14} \quad \frac{2}{4} - \frac{2}{9} \quad \frac{5}{18} \quad \frac{5}{6} - \frac{3}{8} \quad \frac{20}{24} \quad \frac{2}{2} - \frac{5}{7} \quad \frac{6}{7} \quad \frac{4}{6} - \frac{3}{6}$$

$\frac{5}{5}$	$\frac{3}{4}$	$\frac{4}{4}$	$\frac{8}{8}$	$\frac{1}{6}$	$\frac{4}{6}$	$\frac{5}{5}$	$\frac{2}{3}$	$\frac{2}{3}$	$\frac{5}{5}$	$\frac{1}{5}$	$\frac{3}{5}$	$\frac{2}{2}$	$\frac{5}{6}$
$\frac{1}{6}$	$\frac{3}{6}$	$\frac{2}{3}$	$\frac{1}{15}$	$\frac{9}{15}$		$\frac{5}{15}$	$\frac{4}{5}$		$\frac{4}{24}$		$\frac{19}{24}$		
$\frac{1}{2}$	$\frac{1}{3}$	$\frac{6}{6}$	$\frac{1}{2}$	$\frac{1}{6}$	$\frac{1}{3}$	$\frac{3}{5}$	$\frac{1}{3}$	$\frac{11}{15}$	$\frac{4}{5}$	$\frac{2}{5}$	$\frac{3}{5}$	$\frac{7}{8}$	$\frac{2}{3}$
$\frac{2}{4}$	$\frac{3}{6}$	$\frac{3}{6}$	$\frac{2}{6}$	$\frac{5}{30}$		$\frac{5}{9}$	$\frac{4}{9}$		$\frac{8}{9}$		$\frac{3}{3}$		
$\frac{1}{2}$	$\frac{1}{4}$	$\frac{1}{6}$	$\frac{4}{4}$	$\frac{5}{6}$	$\frac{1}{30}$	$\frac{1}{5}$	$\frac{1}{6}$	$\frac{7}{9}$	$\frac{5}{9}$	$\frac{3}{9}$	$\frac{1}{3}$	$\frac{2}{2}$	$\frac{2}{3}$
$\frac{1}{4}$	$\frac{5}{6}$	$\frac{5}{6}$	$\frac{5}{6}$	$\frac{1}{3}$		$\frac{9}{9}$	$\frac{2}{9}$		$\frac{8}{18}$		$\frac{7}{18}$		
$\frac{4}{4}$	$\frac{1}{2}$	$\frac{1}{2}$	🏁	$\frac{2}{3}$	$\frac{2}{3}$	$\frac{1}{3}$	$\frac{1}{56}$	$\frac{7}{8}$	$\frac{6}{7}$	$\frac{3}{18}$	$\frac{8}{9}$	$\frac{1}{2}$	
$\frac{6}{14}$	$\frac{2}{2}$	$\frac{3}{5}$	$\frac{1}{3}$	$\frac{1}{9}$		$\frac{2}{6}$	$\frac{6}{6}$		$\frac{12}{18}$		$\frac{1}{2}$		
$\frac{6}{7}$	$\frac{1}{2}$	$\frac{5}{14}$	$\frac{6}{6}$	$\frac{1}{3}$	$\frac{3}{3}$	$\frac{2}{3}$	$\frac{1}{9}$	$\frac{5}{9}$	$\frac{2}{3}$	$\frac{4}{8}$	$\frac{1}{6}$	$\frac{2}{2}$	$\frac{4}{8}$
$\frac{3}{4}$	$\frac{1}{4}$	$\frac{2}{3}$	$\frac{2}{5}$	$\frac{3}{5}$		$\frac{1}{5}$	$\frac{4}{6}$		$\frac{2}{6}$		$\frac{2}{2}$		
$\frac{5}{5}$	$\frac{2}{8}$	$\frac{2}{4}$	$\frac{3}{3}$	$\frac{6}{7}$	$\frac{1}{7}$	$\frac{4}{5}$	$\frac{1}{5}$	$\frac{4}{5}$	$\frac{5}{6}$	$\frac{1}{2}$	$\frac{2}{3}$	$\frac{2}{2}$	$\frac{1}{5}$

Time:

5

Score:

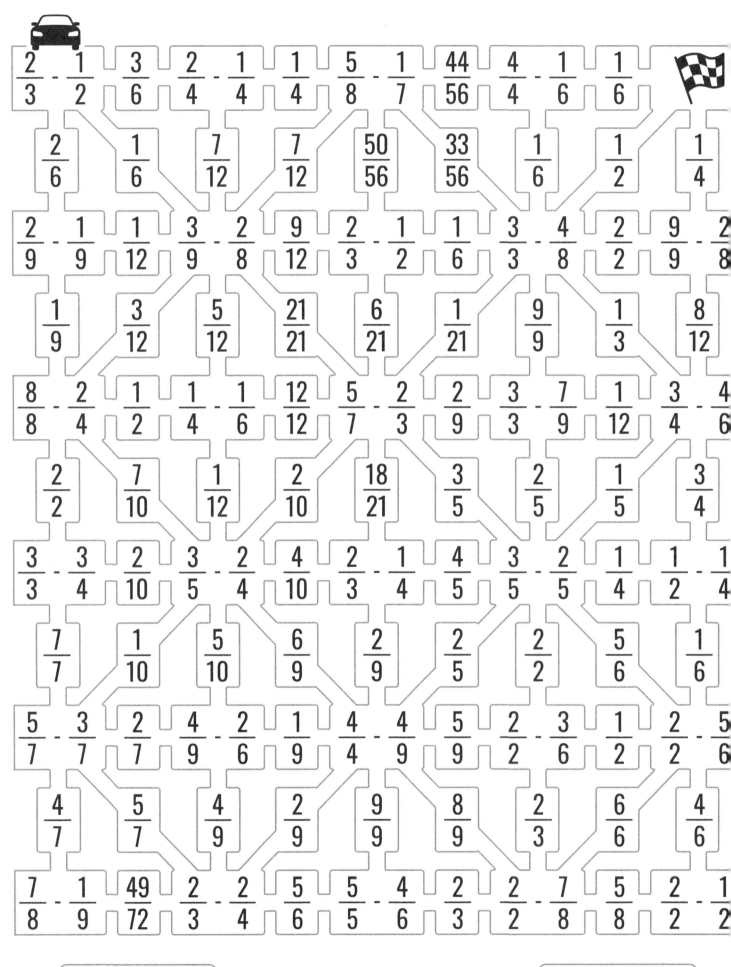

$\frac{6}{6}$ - $\frac{6}{9}$	$\frac{3}{14}$	$\frac{5}{7}$ - $\frac{1}{2}$	$\frac{6}{7}$	$\frac{2}{2}$ - $\frac{4}{7}$	$\frac{2}{5}$	$\frac{7}{7}$ - $\frac{3}{5}$	$\frac{2}{56}$	$\frac{5}{7}$ - $\frac{5}{8}$
$\frac{1}{3}$	$\frac{5}{10}$	$\frac{1}{10}$	$\frac{7}{7}$	$\frac{3}{7}$	$\frac{4}{4}$	$\frac{3}{4}$	$\frac{5}{56}$	$\frac{14}{56}$
$\frac{4}{4}$ - $\frac{5}{8}$	$\frac{2}{10}$	$\frac{1}{2}$ - $\frac{2}{5}$	$\frac{7}{9}$	$\frac{3}{3}$ - $\frac{2}{9}$	$\frac{4}{4}$	$\frac{3}{3}$ - $\frac{2}{8}$	$\frac{14}{21}$	$\frac{5}{7}$ - $\frac{2}{3}$
$\frac{3}{8}$	$\frac{9}{10}$	$\frac{4}{10}$	$\frac{2}{10}$	$\frac{8}{9}$	$\frac{2}{4}$	$\frac{2}{4}$	$\frac{4}{4}$	$\frac{15}{21}$
$\frac{6}{7}$ - $\frac{1}{6}$	$\frac{29}{42}$	$\frac{3}{3}$ - $\frac{3}{8}$	$\frac{2}{8}$	$\frac{8}{8}$	$\frac{5}{8}$	$\frac{2}{8}$	$\frac{7}{8}$ - $\frac{1}{5}$	$\frac{16}{36}$	$\frac{7}{9}$ - $\frac{2}{8}$
$\frac{34}{42}$	$\frac{32}{42}$	$\frac{5}{8}$	$\frac{2}{5}$	$\frac{3}{8}$	$\frac{1}{8}$	$\frac{35}{40}$	$\frac{29}{36}$	$\frac{1}{36}$
$\frac{3}{4}$ - $\frac{1}{7}$	$\frac{4}{5}$	$\frac{3}{3}$ - $\frac{3}{5}$	$\frac{2}{4}$	$\frac{8}{8}$	$\frac{2}{8}$	$\frac{4}{4}$	$\frac{2}{3}$ - $\frac{5}{9}$	$\frac{2}{2}$	$\frac{6}{8}$ - $\frac{1}{4}$
$\frac{1}{28}$	$\frac{3}{5}$	$\frac{5}{5}$	$\frac{1}{5}$	$\frac{3}{4}$	$\frac{6}{9}$	$\frac{62}{72}$	$\frac{7}{9}$	$\frac{1}{2}$
$\frac{2}{4}$ - $\frac{2}{9}$	$\frac{2}{2}$	$\frac{6}{6}$	$\frac{3}{6}$	$\frac{1}{5}$	$\frac{2}{2}$ - $\frac{1}{5}$	$\frac{21}{72}$	$\frac{5}{9}$ - $\frac{3}{8}$	$\frac{13}{72}$
$\frac{17}{18}$	$\frac{6}{18}$	$\frac{1}{2}$	$\frac{2}{5}$	$\frac{2}{5}$	$\frac{4}{5}$	$\frac{8}{9}$	$\frac{4}{9}$	$\frac{23}{56}$
$\frac{2}{9}$ - $\frac{1}{5}$	$\frac{2}{3}$	$\frac{4}{6}$ - $\frac{1}{3}$	$\frac{10}{14}$	$\frac{1}{2}$ - $\frac{1}{7}$	$\frac{7}{9}$	$\frac{5}{5}$ - $\frac{1}{9}$	$\frac{3}{9}$	$\frac{1}{7}$ - $\frac{1}{8}$

$$\frac{7}{7} - \frac{3}{4} \qquad \frac{1}{4} \qquad \frac{3}{8} - \frac{1}{4} \qquad \frac{1}{8} \qquad \text{[flag]} \qquad \frac{3}{4} \qquad \frac{2}{2} - \frac{2}{8} \qquad \frac{2}{28} \qquad \frac{3}{4} - \frac{2}{7}$$

$$\frac{1}{2} \qquad \frac{11}{12} \qquad \frac{11}{12} \qquad \frac{9}{12} \qquad \frac{14}{35} \qquad \frac{10}{18} \qquad \frac{14}{18} \qquad \frac{11}{28} \qquad \frac{13}{28}$$

$$\frac{8}{8} - \frac{2}{4} \qquad \frac{8}{12} \qquad \frac{3}{4} - \frac{2}{6} \qquad \frac{4}{35} \qquad \frac{2}{5} - \frac{2}{7} \qquad \frac{5}{18} \qquad \frac{7}{9} - \frac{1}{2} \qquad \frac{1}{2} \qquad \frac{4}{4} - \frac{1}{2}$$

$$\frac{3}{5} \qquad \frac{12}{12} \qquad \frac{7}{12} \qquad \frac{5}{12} \qquad \frac{31}{35} \qquad \frac{6}{18} \qquad \frac{17}{18} \qquad \frac{4}{18} \qquad \frac{2}{2}$$

$$\frac{2}{2} - \frac{2}{5} \qquad \frac{5}{5} \qquad \frac{4}{4} - \frac{1}{9} \qquad \frac{14}{20} \qquad \frac{4}{5} - \frac{6}{8} \qquad \frac{18}{20} \qquad \frac{6}{8} - \frac{1}{5} \qquad \frac{5}{6} \qquad \frac{3}{3} - \frac{5}{6}$$

$$\frac{3}{8} \qquad \frac{5}{12} \qquad \frac{6}{12} \qquad \frac{4}{20} \qquad \frac{1}{20} \qquad \frac{14}{20} \qquad \frac{20}{20} \qquad \frac{5}{6} \qquad \frac{6}{6}$$

$$\frac{1}{2} - \frac{1}{8} \qquad \frac{10}{12} \qquad \frac{5}{6} - \frac{1}{4} \qquad \frac{1}{3} \qquad \frac{2}{3} - \frac{3}{9} \qquad \frac{3}{3} \qquad \frac{2}{3} - \frac{4}{8} \qquad \frac{3}{6} \qquad \frac{2}{4} - \frac{3}{9}$$

$$\frac{1}{5} \qquad \frac{8}{12} \qquad \frac{7}{12} \qquad \frac{10}{12} \qquad \frac{2}{3} \qquad \frac{4}{6} \qquad \frac{1}{6} \qquad \frac{4}{6} \qquad \frac{5}{6}$$

$$\frac{4}{4} - \frac{4}{5} \qquad \frac{2}{6} - \frac{4}{4} \qquad \frac{5}{6} - \frac{4}{6} \qquad \frac{6}{6} - \frac{2}{5} \qquad \frac{7}{9} \qquad \frac{6}{6} - \frac{4}{9} \qquad \frac{4}{9} \qquad \frac{3}{3} - \frac{1}{9}$$

$$\frac{2}{9} \qquad \frac{8}{10} \qquad \frac{1}{6} \qquad \frac{5}{10} \qquad \frac{1}{5} \qquad \frac{2}{5} \qquad \frac{9}{9} \qquad \frac{2}{9} \qquad \frac{1}{9}$$

$$\frac{2}{3} - \frac{4}{9} \qquad \frac{1}{10} \qquad \frac{1}{2} - \frac{2}{5} \qquad \frac{3}{10} \qquad \frac{2}{2} - \frac{8}{9} \qquad \frac{2}{3} \qquad \frac{4}{8} - \frac{1}{6} \qquad \frac{1}{5} \qquad \frac{3}{3} - \frac{1}{5}$$

$$\frac{7}{7} - \frac{2}{9} \qquad \frac{2}{35} \qquad \frac{3}{5} - \frac{3}{7} \qquad \frac{3}{5} \qquad \frac{8}{8} \qquad \frac{4}{5} \qquad \frac{3}{4} \qquad \frac{3}{3} - \frac{2}{8} \qquad \frac{2}{4} \qquad \frac{5}{8} - \frac{1}{7}$$

$$\frac{4}{12} \qquad \frac{23}{35} \qquad \frac{6}{35} \qquad \frac{2}{3} \qquad \frac{1}{5} \qquad \frac{1}{3} \qquad \frac{1}{5} \qquad \frac{3}{3} \qquad \frac{3}{3}$$

$$\frac{3}{4} - \frac{1}{3} \qquad \frac{4}{15} \qquad \frac{4}{5} - \frac{1}{3} \qquad \frac{1}{3} \qquad \frac{2}{2} - \frac{2}{6} \qquad \frac{3}{3} \qquad \frac{3}{3} \qquad \frac{4}{5} \qquad \frac{1}{3} \qquad \frac{4}{4} \qquad \frac{2}{3}$$

$$\frac{35}{36} \qquad \frac{8}{12} \qquad \frac{7}{15} \qquad \frac{3}{3} \qquad \frac{3}{3} \qquad \frac{18}{24} \qquad \frac{5}{5} \qquad \frac{2}{3} \qquad \frac{7}{15}$$

$$\frac{6}{8} - \frac{4}{9} \qquad \frac{11}{36} \qquad \text{⚑} \qquad \frac{1}{9} - \frac{7}{9} \qquad \frac{5}{9} \qquad \frac{3}{24} \qquad \frac{7}{8} - \frac{2}{3} \qquad \frac{5}{24} \qquad \frac{6}{9} - \frac{1}{5}$$

$$\frac{40}{40} \qquad \frac{6}{40} \qquad \frac{3}{4} \qquad \frac{1}{7} \qquad \frac{5}{7} \qquad \frac{19}{24} \qquad \frac{11}{40} \qquad \frac{8}{12} \qquad \frac{1}{15}$$

$$\frac{5}{8} - \frac{3}{5} \qquad \frac{16}{40} \qquad \frac{7}{7} - \frac{1}{4} \qquad \frac{4}{4} \qquad \frac{6}{7} - \frac{5}{7} \qquad \frac{4}{40} \qquad \frac{2}{5} \qquad \frac{1}{8} \qquad \frac{7}{12} \qquad \frac{3}{4} - \frac{1}{6}$$

$$\frac{11}{12} \qquad \frac{4}{9} \qquad \frac{1}{9} \qquad \frac{6}{9} \qquad \frac{1}{3} \qquad \frac{7}{7} \qquad \frac{5}{7} \qquad \frac{1}{7} \qquad \frac{5}{12}$$

$$\frac{5}{6} - \frac{1}{4} \qquad \frac{9}{12} \qquad \frac{8}{8} \qquad \frac{5}{9} \qquad \frac{4}{9} \qquad \frac{9}{9} \qquad \frac{1}{3} \qquad \frac{3}{7} \qquad \frac{2}{2} - \frac{6}{7} \qquad \frac{6}{7} \qquad \frac{5}{5} \qquad \frac{1}{2}$$

$$\frac{8}{8} \qquad \frac{7}{8} \qquad \frac{2}{7} \qquad \frac{2}{5} \qquad \frac{1}{5} \qquad \frac{6}{7} \qquad \frac{2}{2} \qquad \frac{3}{4} \qquad \frac{1}{5}$$

$$\frac{3}{3} - \frac{5}{8} \qquad \frac{3}{8} \qquad \frac{3}{3} - \frac{6}{7} \qquad \frac{1}{7} \qquad \frac{2}{2} - \frac{2}{5} \qquad \frac{3}{5} \qquad \frac{7}{7} \qquad \frac{1}{2} \qquad \frac{1}{2} \qquad \frac{4}{4} - \frac{1}{4}$$

Time: Score:

$\frac{6}{8} - \frac{2}{3}$ $\frac{8}{12}$ $\frac{8}{9} - \frac{5}{7}$ $\frac{1}{4}$ $\frac{2}{2} - \frac{1}{4}$ $\frac{3}{4}$ $\frac{8}{9} - \frac{1}{3}$ $\frac{5}{9}$

$\frac{1}{12}$ $\frac{2}{12}$ $\frac{6}{6}$ $\frac{3}{6}$ $\frac{1}{2}$ $\frac{6}{7}$ $\frac{3}{7}$ $\frac{2}{7}$ $\frac{4}{4}$

$\frac{3}{6} - \frac{3}{8}$ $\frac{8}{8}$ $\frac{5}{5} - \frac{1}{6}$ $\frac{1}{6}$ $\frac{2}{2} - \frac{1}{2}$ $\frac{1}{7}$ $\frac{5}{5} - \frac{6}{7}$ $\frac{4}{7}$ $\frac{4}{8}$ $\frac{1}{4}$

$\frac{1}{8}$ $\frac{1}{3}$ $\frac{5}{6}$ $\frac{1}{6}$ $\frac{6}{9}$ $\frac{4}{9}$ $\frac{3}{20}$ $\frac{13}{20}$ $\frac{3}{20}$

$\frac{9}{9} - \frac{6}{9}$ $\frac{2}{3}$ $\frac{7}{9} - \frac{1}{2}$ $\frac{1}{18}$ $\frac{6}{9}$ $\frac{5}{9}$ $\frac{8}{9}$ $\frac{3}{4}$ $\frac{3}{5}$ $\frac{11}{20}$ $\frac{6}{8}$ $\frac{1}{5}$

$\frac{2}{4}$ $\frac{2}{4}$ $\frac{5}{18}$ $\frac{3}{7}$ $\frac{1}{3}$ $\frac{1}{9}$ $\frac{12}{20}$ $\frac{2}{7}$ $\frac{7}{36}$

$\frac{2}{5} - \frac{1}{3}$ $\frac{7}{7}$ $\frac{6}{7} - \frac{5}{7}$ $\frac{1}{7}$ $\frac{4}{8}$ $\frac{1}{6}$ $\frac{3}{3}$ $\frac{7}{7}$ $\frac{4}{7}$ $\frac{35}{36}$ $\frac{4}{9}$ $\frac{1}{4}$

$\frac{6}{15}$ $\frac{2}{7}$ $\frac{6}{7}$ $\frac{4}{7}$ $\frac{2}{4}$ $\frac{4}{7}$ $\frac{1}{7}$ $\frac{3}{7}$ $\frac{3}{14}$

$\frac{2}{2} - \frac{1}{8}$ $\frac{6}{8}$ $\frac{3}{3} - \frac{1}{3}$ $\frac{1}{3}$ $\frac{4}{4}$ $\frac{4}{8}$ $\frac{1}{2}$ $\frac{5}{8}$ $\frac{4}{8}$ $\frac{14}{14}$ $\frac{2}{4} - \frac{2}{7}$

$\frac{2}{8}$ $\frac{7}{8}$ $\frac{2}{3}$ $\frac{1}{2}$ $\frac{1}{2}$ $\frac{1}{2}$ $\frac{4}{8}$ $\frac{12}{14}$ $\frac{10}{14}$

$\frac{2}{2} - \frac{1}{3}$ $\frac{2}{3}$ $\frac{3}{5} - \frac{3}{6}$ $\frac{1}{10}$ $\frac{8}{9}$ $\frac{1}{2}$ $\frac{2}{18}$ $\frac{3}{3}$ $\frac{3}{5}$ $\frac{4}{5}$ $\frac{6}{6}$ $\frac{6}{9}$

$$\frac{3}{3} - \frac{1}{9} \quad \frac{5}{9} \quad \frac{3}{3} - \frac{2}{7} \quad \frac{3}{4} \quad \frac{2}{4} - \frac{2}{8} \quad \frac{8}{8} \quad \frac{9}{9} - \frac{5}{8} \quad \frac{2}{2} \quad \frac{2}{2} - \frac{1}{2}$$

$$\frac{8}{9} \quad \frac{3}{8} \quad \frac{4}{8} \quad \frac{4}{4} \quad \frac{1}{4} \quad \frac{5}{18} \quad \frac{4}{18} \quad \frac{13}{18} \quad \frac{1}{2}$$

$$\frac{6}{7} - \frac{4}{9} \quad \frac{5}{8} \quad \frac{5}{5} \quad \frac{5}{8} \quad \frac{1}{6} \quad \frac{1}{2} - \frac{3}{9} \quad \frac{16}{18} \quad \frac{7}{9} - \frac{3}{6} \quad \frac{5}{24} \quad \frac{7}{8} - \frac{2}{3}$$

$$\frac{26}{63} \quad \frac{7}{8} \quad \frac{5}{8} \quad \frac{8}{8} \quad \frac{6}{6} \quad \frac{8}{18} \quad \frac{9}{18} \quad \frac{1}{18} \quad \frac{15}{24}$$

$$\frac{3}{6} - \frac{2}{6} \quad \frac{1}{6} \quad \frac{5}{7} \quad \frac{3}{6} \quad \frac{13}{14} \quad \frac{2}{2} \quad \frac{4}{9} \quad \frac{8}{10} \quad \frac{4}{8} \quad \frac{1}{5} \quad \frac{6}{6} \quad \frac{2}{4} - \frac{2}{6}$$

$$\frac{3}{6} \quad \frac{2}{6} \quad \frac{3}{14} \quad \frac{1}{4} \quad \frac{4}{9} \quad \frac{4}{9} \quad \frac{2}{10} \quad \frac{5}{6} \quad \frac{5}{6}$$

$$\frac{4}{7} - \frac{3}{6} \quad \frac{4}{4} \quad \frac{9}{9} - \frac{1}{4} \quad \frac{1}{4} \quad \frac{7}{7} - \frac{1}{4} \quad \frac{1}{2} \quad \frac{5}{6} \quad \frac{1}{3} \quad \frac{2}{10} \quad \frac{3}{5} \quad \frac{1}{2}$$

$$\frac{5}{9} \quad \frac{3}{4} \quad \frac{4}{4} \quad \frac{2}{5} \quad \frac{3}{4} \quad \frac{2}{2} \quad \frac{2}{2} \quad \frac{1}{2} \quad \frac{8}{10}$$

$$\frac{1}{3} - \frac{1}{9} \quad \frac{2}{9} \quad \frac{5}{8} \quad \frac{4}{9} \quad \frac{63}{72} \quad \frac{4}{5} - \frac{2}{3} \quad \frac{2}{4} \quad \frac{6}{6} - \frac{3}{4} \quad \frac{4}{4}$$

$$\frac{4}{9} \quad \frac{5}{9} \quad \frac{13}{72} \quad \frac{5}{9} \quad \frac{3}{3} \quad \frac{1}{9} \quad \frac{2}{9} \quad \frac{7}{9} \quad \frac{1}{12}$$

$$\frac{6}{6} - \frac{1}{2} \quad \frac{7}{9} \quad \frac{7}{7} \quad \frac{8}{9} \quad \frac{1}{9} \quad \frac{3}{3} \quad \frac{2}{6} \quad \frac{2}{3} \quad \frac{6}{9} - \frac{1}{9} \quad \frac{5}{9} \quad \frac{5}{6} - \frac{3}{4}$$

$$\frac{8}{9} - \frac{4}{7} \quad \frac{55}{63} \quad \frac{4}{9} - \frac{2}{9} \quad \frac{3}{7} \quad \frac{2}{2} - \frac{5}{7} \quad \frac{2}{7} \quad \frac{1}{2} - \frac{3}{7} \quad \frac{1}{14}$$

$$\frac{20}{63} \quad \frac{3}{5} \quad \frac{3}{5} \quad \frac{1}{5} \quad \frac{4}{7} \quad \frac{5}{7} \quad \frac{7}{14} \quad \frac{13}{18} \quad \frac{5}{35}$$

$$\frac{5}{8} - \frac{1}{9} \quad \frac{12}{72} \quad \frac{3}{5} - \frac{2}{5} \quad \frac{4}{5} \quad \frac{2}{2} - \frac{6}{7} \quad \frac{6}{7} \quad \frac{1}{2} - \frac{2}{9} \quad \frac{11}{18} \quad \frac{5}{7} - \frac{1}{5}$$

$$\frac{37}{72} \quad \frac{11}{28} \quad \frac{4}{5} \quad \frac{7}{15} \quad \frac{8}{15} \quad \frac{14}{15} \quad \frac{3}{3} \quad \frac{11}{18} \quad \frac{2}{2}$$

$$\frac{5}{7} - \frac{1}{4} \quad \frac{28}{28} \quad \frac{4}{8} - \frac{1}{4} \quad \frac{3}{15} \quad \frac{4}{5} - \frac{3}{9} \quad \frac{1}{3} \quad \frac{2}{4} - \frac{1}{6} \quad \frac{1}{2} \quad \frac{2}{2} - \frac{1}{2}$$

$$\frac{13}{28} \quad \frac{26}{28} \quad \frac{3}{6} \quad \frac{15}{15} \quad \frac{13}{15} \quad \frac{2}{15} \quad \frac{1}{4} \quad \frac{3}{4} \quad \frac{1}{8}$$

$$\frac{6}{8} - \frac{1}{5} \quad \frac{11}{20} \quad \frac{6}{6} - \frac{5}{6} \quad \frac{4}{6} \quad \frac{5}{8} - \frac{3}{6} \quad \frac{2}{3} \quad \frac{5}{6} - \frac{1}{2} \quad \frac{1}{3} \quad \frac{5}{8} - \frac{3}{6}$$

$$\frac{1}{20} \quad \frac{3}{6} \quad \frac{1}{6} \quad \frac{6}{6} \quad \frac{15}{40} \quad \frac{2}{40} \quad \frac{24}{36} \quad \frac{1}{2} \quad \frac{2}{2}$$

$$\frac{6}{9} - \frac{1}{6} \quad \frac{2}{3} - \frac{2}{2} \quad \frac{2}{3} - \frac{1}{3} \quad \frac{5}{8} - \frac{1}{5} \quad \frac{17}{40} \quad \frac{5}{9} - \frac{2}{8} \quad \frac{11}{36} \quad \frac{6}{6} - \frac{1}{2}$$

$$\frac{1}{2} \quad \frac{1}{2} \quad \frac{3}{3} \quad \frac{29}{40} \quad \frac{30}{40} \quad \frac{16}{40} \quad \frac{21}{36} \quad \frac{1}{4} \quad \frac{3}{4}$$

$$\frac{1}{2} - \frac{1}{4} \quad \frac{2}{4} - \frac{2}{2} \quad \frac{3}{6} - \frac{2}{2} \quad \frac{8}{9} - \frac{1}{3} \quad \frac{8}{9} \quad \frac{3}{3} - \frac{6}{8} \quad \frac{2}{4} \quad \frac{6}{7} - \frac{3}{4}$$

Time:

12

Score:

$$\frac{4}{4} - \frac{4}{5} \quad \frac{1}{5} \quad \frac{3}{4} - \frac{4}{8} \quad \frac{2}{5} \quad \frac{1}{2} - \frac{1}{6} \quad \frac{2}{3} \quad \frac{3}{5} - \frac{1}{2} \quad \frac{8}{10} \quad \frac{3}{3} - \frac{1}{3}$$

$$\frac{10}{20} \qquad \frac{18}{20} \qquad \frac{1}{14} \qquad \frac{3}{5} \qquad \frac{5}{5} \qquad \frac{5}{5} \qquad \frac{7}{10} \qquad \frac{9}{9} \qquad \frac{4}{9}$$

$$\frac{6}{8} - \frac{3}{5} \quad \frac{3}{20} \quad \frac{5}{7} - \frac{1}{2} \quad \frac{3}{14} \quad \frac{2}{2} - \frac{3}{5} \quad \frac{2}{5} \quad \text{[🏁]} \quad \frac{3}{9} \quad \frac{2}{3} - \frac{1}{9}$$

$$\frac{20}{20} \qquad \frac{1}{12} \qquad \frac{2}{14} \qquad \frac{2}{12} \qquad \frac{71}{72} \qquad \frac{1}{5} \qquad \frac{4}{5} \qquad \frac{1}{5} \qquad \frac{2}{3}$$

$$\frac{2}{4} - \frac{1}{4} \quad \frac{7}{12} \quad \frac{3}{4} - \frac{2}{3} \quad \frac{60}{72} \quad \frac{3}{8} - \frac{2}{9} \quad \frac{2}{5} \quad \frac{5}{5} - \frac{3}{5} \quad \frac{1}{5} \quad \frac{4}{4} - \frac{2}{3}$$

$$\frac{5}{18} \qquad \frac{2}{18} \qquad \frac{27}{56} \qquad \frac{6}{6} \qquad \frac{11}{72} \qquad \frac{4}{5} \qquad \frac{4}{15} \qquad \frac{3}{5} \qquad \frac{2}{3}$$

$$\frac{2}{4} - \frac{4}{9} \quad \frac{1}{18} \quad \frac{5}{8} - \frac{1}{7} \quad \frac{39}{56} \quad \frac{2}{3} - \frac{1}{2} \quad \frac{8}{15} \quad \frac{2}{3} - \frac{2}{5} \quad \frac{1}{2} \quad \frac{6}{6} - \frac{1}{2}$$

$$\frac{8}{18} \qquad \frac{1}{12} \qquad \frac{11}{12} \qquad \frac{1}{6} \qquad \frac{2}{6} \qquad \frac{4}{5} \qquad \frac{2}{15} \qquad \frac{3}{5} \qquad \frac{2}{2}$$

$$\frac{3}{3} - \frac{2}{6} \quad \frac{12}{12} \quad \frac{6}{8} - \frac{6}{9} \quad \frac{2}{3} \quad \frac{2}{2} - \frac{2}{3} \quad \frac{1}{3} \quad \frac{7}{7} - \frac{2}{5} \quad \frac{4}{5} \quad \frac{3}{3} - \frac{6}{9}$$

$$\frac{11}{56} \qquad \frac{40}{56} \qquad \frac{12}{15} \qquad \frac{2}{10} \qquad \frac{1}{10} \qquad \frac{7}{10} \qquad \frac{2}{5} \qquad \frac{16}{24} \qquad \frac{4}{24}$$

$$\frac{7}{8} - \frac{6}{7} \quad \frac{1}{56} \quad \frac{2}{3} - \frac{1}{5} \quad \frac{7}{15} \quad \frac{4}{8} - \frac{2}{5} \quad \frac{10}{10} \quad \frac{8}{9} - \frac{4}{6} \quad \frac{1}{9} \quad \frac{7}{8} - \frac{4}{6}$$

$$\frac{3}{8} - \frac{1}{4} \quad \frac{1}{8} \qquad \frac{8}{9} - \frac{3}{6} \quad \frac{10}{18} \qquad \frac{3}{5} - \frac{1}{8} \quad \frac{19}{40} \qquad \frac{9}{9} - \frac{4}{6} \quad \frac{2}{3} \qquad \frac{1}{2} - \frac{1}{4}$$

$$\frac{6}{8} \qquad \frac{3}{8} \qquad \frac{7}{18} \qquad \frac{1}{3} \qquad \frac{22}{40} \qquad \frac{20}{40} \qquad \frac{1}{3} \qquad \frac{6}{8} \qquad \frac{1}{4}$$

$$\frac{2}{2} - \frac{1}{9} \quad \frac{2}{9} \qquad \frac{2}{2} - \frac{2}{3} \qquad \frac{3}{3} - \frac{2}{3} \quad \frac{2}{9} \qquad \frac{8}{8} \qquad \frac{7}{8} - \frac{2}{4} \quad \frac{7}{8} \qquad \frac{2}{2} - \frac{7}{8}$$

$$\frac{5}{6} \qquad \frac{2}{3} \qquad \frac{6}{8} \qquad \frac{2}{3} \qquad \frac{6}{9} \qquad \frac{3}{8} \qquad \frac{4}{8} \qquad \frac{2}{8} \qquad \frac{5}{8}$$

$$\frac{1}{3} - \frac{1}{6} \quad \frac{1}{8} \qquad \frac{8}{8} \qquad \frac{7}{8} \qquad \frac{5}{6} \qquad \frac{2}{2} \qquad \frac{5}{6} \qquad \frac{3}{6} \qquad \frac{5}{5} \qquad \frac{1}{3} \qquad \frac{2}{3} \qquad \frac{4}{6} - \frac{2}{9}$$

$$\frac{1}{6} \qquad \frac{2}{8} \qquad \frac{3}{8} \qquad \frac{1}{6} \qquad \frac{3}{6} \qquad \frac{2}{6} \qquad \frac{2}{3} \qquad \frac{1}{9} \qquad \frac{4}{9}$$

$$\frac{4}{4} - \frac{6}{8} \quad \frac{4}{8} \qquad \frac{5}{5} - \frac{5}{8} \quad \frac{5}{8} \qquad \frac{3}{3} - \frac{3}{9} \quad \frac{2}{3} \qquad \frac{3}{3} - \frac{3}{4} \quad \frac{1}{4} \qquad \frac{5}{8} - \frac{2}{7}$$

$$\frac{1}{4} \qquad \frac{1}{8} \qquad \frac{6}{8} \qquad \frac{7}{8} \qquad \frac{18}{21} \qquad \frac{4}{21} \qquad \frac{1}{4} \qquad \frac{4}{4} \qquad \frac{53}{56}$$

$$\frac{5}{5} - \frac{1}{3} \quad \frac{2}{3} \qquad \frac{4}{4} - \frac{4}{6} \quad \frac{3}{3} \qquad \frac{1}{3} - \frac{2}{7} \quad \frac{21}{21} \qquad \qquad \frac{10}{12} \qquad \frac{6}{8} - \frac{6}{9}$$

$$\frac{1}{3} \qquad \frac{7}{24} \qquad \frac{1}{3} \qquad \frac{9}{24} \qquad \frac{2}{7} \qquad \frac{1}{21} \qquad \frac{1}{5} \qquad \frac{9}{12} \qquad \frac{6}{12}$$

$$\frac{3}{3} - \frac{3}{4} \quad \frac{11}{24} \qquad \frac{5}{6} - \frac{5}{8} \quad \frac{5}{24} \qquad \frac{5}{7} - \frac{3}{7} \quad \frac{5}{7} \qquad \frac{2}{5} - \frac{1}{5} \quad \frac{4}{5} \qquad \frac{3}{9} - \frac{2}{7}$$

Time: 14   Score:

$$\frac{9}{9} - \frac{1}{5} \quad \frac{7}{18} \quad \frac{1}{2} - \frac{1}{9} \quad \frac{1}{12} \quad \frac{5}{6} - \frac{3}{4} \quad \frac{5}{24} \quad \frac{7}{8} - \frac{2}{3} \quad \frac{19}{24} \quad \frac{3}{3} - \frac{2}{9}$$

$$\frac{4}{5} \quad \frac{17}{18} \quad \frac{8}{18} \quad \frac{4}{24} \quad \frac{8}{24} \quad \frac{17}{24} \quad \frac{4}{7} \quad \frac{19}{45} \quad \frac{42}{45}$$

$$\frac{8}{9} - \frac{2}{4} \quad \frac{9}{18} \quad \frac{1}{2} - \frac{2}{7} \quad \frac{18}{24} \quad \frac{7}{8} - \frac{1}{6} \quad \frac{3}{7} \quad \frac{3}{3} - \frac{4}{7} \quad \frac{31}{45} \quad \frac{8}{9} - \frac{1}{5}$$

$$\frac{7}{18} \quad \frac{6}{18} \quad \frac{3}{8} \quad \frac{9}{24} \quad \frac{5}{24} \quad \frac{16}{24} \quad \frac{3}{3} \quad \frac{2}{3} \quad \frac{22}{45}$$

$$\frac{6}{7} - \frac{2}{8} \quad \frac{13}{28} \quad \frac{4}{4} - \frac{5}{8} \quad \frac{6}{8} \quad \frac{4}{7} - \frac{2}{7} \quad \frac{1}{7} \quad \frac{4}{4} - \frac{2}{6} \quad \frac{1}{3} \quad \frac{3}{9} - \frac{1}{9}$$

$$\frac{17}{28} \quad \frac{2}{4} \quad \frac{3}{10} \quad \frac{16}{40} \quad \frac{12}{40} \quad \frac{27}{40} \quad \frac{15}{21} \quad \frac{1}{3} \quad \frac{1}{3}$$

$$\frac{9}{9} - \frac{1}{3} \quad \frac{1}{3} - \frac{3}{5} \quad \frac{3}{6} \quad \frac{2}{40} \quad \frac{7}{8} - \frac{1}{5} \quad \frac{6}{40} \quad \frac{2}{3} - \frac{2}{7} \quad \frac{19}{21} \quad \frac{5}{6} - \frac{2}{4}$$

$$\frac{2}{3} \quad \frac{1}{4} \quad \frac{2}{4} \quad \frac{22}{40} \quad \frac{1}{40} \quad \frac{1}{2} \quad \frac{1}{4} \quad \frac{3}{4} \quad \frac{3}{10}$$

$$\frac{4}{4} - \frac{7}{7} \quad \frac{2}{8} \quad \frac{1}{4} \quad \frac{5}{5} - \frac{4}{9} \quad \frac{1}{9} \quad \frac{6}{6} - \frac{1}{2} \quad \frac{2}{2} \quad \frac{1}{2} - \frac{1}{5}$$

$$\frac{8}{18} \quad \frac{5}{18} \quad \frac{3}{4} \quad \frac{4}{5} \quad \frac{2}{5} \quad \frac{1}{5} \quad \frac{3}{6} \quad \frac{1}{2} \quad \frac{1}{2}$$

$$\frac{2}{4} - \frac{2}{9} \quad \frac{53}{63} \quad \frac{3}{7} - \frac{1}{9} \quad \frac{20}{63} \quad \frac{3}{5} - \frac{2}{5} \quad \frac{5}{5} \quad \frac{2}{3} - \frac{3}{6} \quad \frac{1}{6} \quad \frac{2}{2} - \frac{1}{2}$$

$\dfrac{8}{8}-\dfrac{1}{7}$ $\dfrac{2}{7}$ 🏁 $\dfrac{1}{40}$ $\dfrac{2}{5}-\dfrac{3}{8}$ $\dfrac{7}{15}$ $\dfrac{2}{3}-\dfrac{1}{5}$ $\dfrac{10}{15}$ $\dfrac{2}{2}-\dfrac{1}{5}$

$\dfrac{3}{24}$ $\dfrac{9}{24}$ $\dfrac{2}{4}$ $\dfrac{3}{7}$ $\dfrac{1}{7}$ $\dfrac{7}{7}$ $\dfrac{1}{15}$ $\dfrac{11}{42}$ $\dfrac{32}{42}$

$\dfrac{3}{8}-\dfrac{3}{9}$ $\dfrac{18}{24}$ $\dfrac{7}{7}-\dfrac{6}{8}$ $\dfrac{3}{7}$ $\dfrac{4}{4}-\dfrac{1}{7}$ $\dfrac{6}{7}$ $\dfrac{4}{5}-\dfrac{2}{5}$ $\dfrac{4}{5}$ $\dfrac{5}{6}-\dfrac{4}{7}$

$\dfrac{1}{7}$ $\dfrac{9}{9}$ $\dfrac{8}{9}$ $\dfrac{2}{9}$ $\dfrac{7}{12}$ $\dfrac{5}{7}$ $\dfrac{2}{5}$ $\dfrac{3}{8}$ $\dfrac{5}{6}$

$\dfrac{2}{2}-\dfrac{2}{7}$ $\dfrac{5}{9}$ $\dfrac{1}{3}-\dfrac{2}{9}$ $\dfrac{8}{9}$ $\dfrac{5}{6}-\dfrac{1}{4}$ $\dfrac{11}{12}$ $\dfrac{2}{2}-\dfrac{7}{8}$ $\dfrac{6}{8}$ $\dfrac{5}{5}-\dfrac{1}{6}$

$\dfrac{52}{63}$ $\dfrac{43}{63}$ $\dfrac{1}{8}$ $\dfrac{1}{9}$ $\dfrac{31}{45}$ $\dfrac{12}{45}$ $\dfrac{1}{8}$ $\dfrac{11}{12}$ $\dfrac{1}{12}$

$\dfrac{8}{9}-\dfrac{2}{7}$ $\dfrac{38}{63}$ $\dfrac{4}{4}-\dfrac{7}{8}$ $\dfrac{7}{8}-\dfrac{4}{5}$ $\dfrac{1}{9}$ $\dfrac{35}{45}$ $\dfrac{3}{3}-\dfrac{1}{2}$ $\dfrac{1}{2}-\dfrac{1}{3}$ $\dfrac{2}{8}$

$\dfrac{13}{63}$ $\dfrac{1}{2}$ $\dfrac{4}{8}$ $\dfrac{11}{45}$ $\dfrac{3}{3}$ $\dfrac{19}{45}$ $\dfrac{2}{2}$ $\dfrac{12}{12}$ $\dfrac{2}{12}$

$\dfrac{1}{4}-\dfrac{1}{5}$ $\dfrac{14}{20}$ $\dfrac{5}{5}-\dfrac{1}{2}$ $\dfrac{2}{2}-\dfrac{4}{6}$ $\dfrac{3}{9}$ $\dfrac{2}{3}-\dfrac{1}{2}$ $\dfrac{4}{9}$ $\dfrac{5}{18}$ $\dfrac{3}{5}-\dfrac{4}{8}$

$\dfrac{8}{20}$ $\dfrac{13}{20}$ $\dfrac{8}{45}$ $\dfrac{2}{5}$ $\dfrac{1}{5}$ $\dfrac{4}{5}$ $\dfrac{5}{6}$ $\dfrac{9}{15}$ $\dfrac{10}{15}$

$\dfrac{3}{4}-\dfrac{2}{5}$ $\dfrac{7}{20}$ $\dfrac{2}{5}-\dfrac{2}{9}$ $\dfrac{35}{45}$ $\dfrac{7}{7}-\dfrac{3}{5}$ $\dfrac{2}{5}-\dfrac{2}{2}$ $\dfrac{1}{6}$ $\dfrac{3}{6}$ $\dfrac{3}{5}-\dfrac{2}{6}$

$$\frac{4}{4} - \frac{4}{5} \quad \frac{4}{9} \quad \frac{4}{9} - \frac{2}{6} \quad \frac{1}{2} \quad \frac{2}{2} \quad \frac{2}{4} \quad \frac{5}{7} \quad \frac{6}{6} - \frac{2}{7} \quad \frac{1}{7} \quad \frac{2}{7} - \frac{1}{4}$$

$$\frac{12}{28} \quad \frac{19}{28} \quad \frac{1}{9} \quad \frac{7}{9} \quad \frac{2}{2} \quad \frac{3}{7} \quad \frac{1}{3} \quad \frac{7}{8} \quad \frac{5}{8}$$

$$\frac{5}{7} - \frac{2}{8} \quad \frac{1}{8} \quad \frac{3}{6} \quad \frac{3}{8} \quad \frac{6}{8} \quad \frac{6}{7} - \frac{3}{6} \quad \frac{3}{3} \quad \frac{4}{4} - \frac{2}{3} \quad \frac{1}{8} \quad \frac{2}{2} - \frac{7}{8}$$

$$\frac{13}{28} \quad \frac{5}{28} \quad \frac{2}{8} \quad \frac{25}{28} \quad \frac{2}{9} \quad \frac{49}{72} \quad \frac{17}{72} \quad \frac{36}{72} \quad \frac{1}{4}$$

$$\frac{4}{4} - \frac{3}{5} \quad \frac{3}{5} \quad \frac{5}{7} \quad \frac{1}{4} \quad \frac{1}{9} \quad \frac{6}{9} \quad \frac{1}{9} \quad \frac{61}{72} \quad \frac{5}{8} \quad \frac{4}{9} \quad \frac{13}{72} \quad \frac{3}{6} - \frac{1}{4}$$

$$\frac{2}{5} \quad \frac{29}{56} \quad \frac{1}{3} \quad \frac{3}{6} \quad \frac{5}{6} \quad \frac{1}{6} \quad \frac{41}{72} \quad \frac{50}{72} \quad \frac{3}{4}$$

$$\frac{5}{7} - \frac{1}{8} \quad \frac{34}{56} \quad \frac{2}{3} - \frac{3}{9} \quad \frac{6}{6} \quad \frac{9}{9} \quad \frac{5}{6} \quad \frac{4}{5} \quad \frac{6}{6} \quad \frac{4}{5} \quad \frac{3}{9} \quad \frac{8}{9} - \frac{7}{9}$$

$$\frac{12}{56} \quad \frac{33}{56} \quad \frac{17}{45} \quad \frac{24}{45} \quad \frac{1}{21} \quad \frac{5}{6} \quad \frac{3}{5} \quad \frac{1}{4} \quad \frac{7}{8}$$

$$\frac{4}{4} - \frac{4}{5} \quad \frac{26}{45} \quad \frac{7}{9} \quad \frac{1}{5} \quad \frac{6}{21} \quad \frac{3}{9} \quad \frac{2}{7} \quad \frac{1}{3} \quad \frac{2}{2} - \frac{4}{6} \quad \frac{2}{3} \quad \frac{3}{8} \quad \frac{2}{8}$$

$$\frac{1}{5} \quad \frac{37}{45} \quad \frac{21}{45} \quad \frac{15}{45} \quad \frac{3}{4} \quad \frac{1}{4} \quad \frac{14}{15} \quad \frac{1}{2} \quad \frac{1}{3}$$

$$\frac{3}{8} \quad \frac{7}{8} \quad \frac{1}{4} \quad \frac{3}{4} \quad \frac{2}{2} - \frac{1}{4} \quad \frac{7}{15} \quad \frac{2}{5} \quad \frac{2}{6} \quad \frac{2}{2} \quad \frac{4}{4} \quad \frac{1}{2}$$

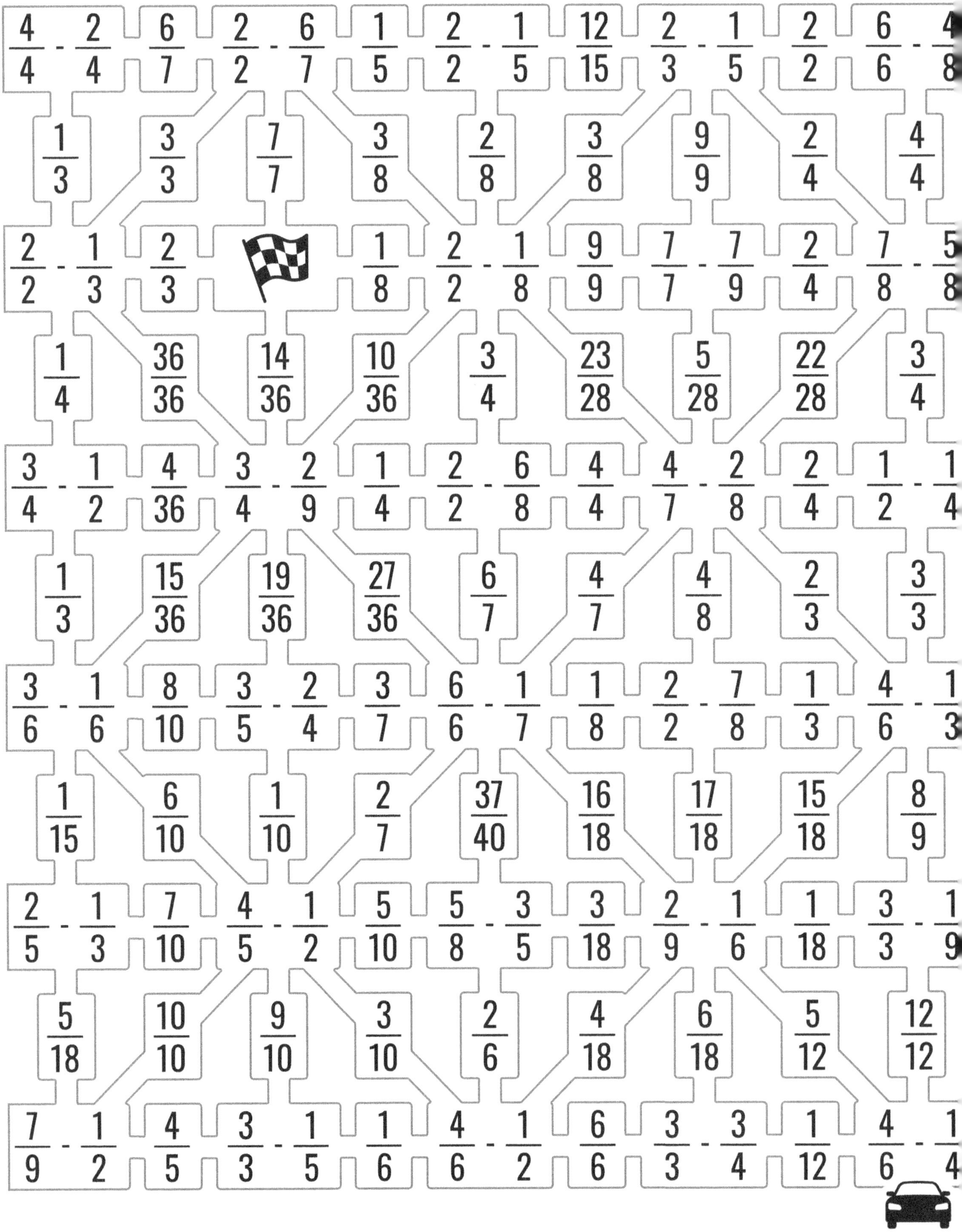

$$\frac{4}{4} - \frac{2}{4} \quad \frac{6}{7} \quad \frac{2}{2} - \frac{6}{7} \quad \frac{1}{5} \quad \frac{2}{2} - \frac{1}{5} \quad \frac{12}{15} \quad \frac{2}{3} - \frac{1}{5} \quad \frac{2}{2} \quad \frac{6}{6} - \frac{4}{8}$$

$$\frac{1}{3} \quad \frac{3}{3} \quad \frac{7}{7} \quad \frac{3}{8} \quad \frac{2}{8} \quad \frac{3}{8} \quad \frac{9}{9} \quad \frac{2}{4} \quad \frac{4}{4}$$

$$\frac{2}{2} - \frac{1}{3} \quad \frac{2}{3} \quad \text{🏁} \quad \frac{1}{8} \quad \frac{2}{2} - \frac{1}{8} \quad \frac{9}{9} \quad \frac{7}{7} - \frac{7}{9} \quad \frac{2}{4} \quad \frac{7}{8} - \frac{5}{8}$$

$$\frac{1}{4} \quad \frac{36}{36} \quad \frac{14}{36} \quad \frac{10}{36} \quad \frac{3}{4} \quad \frac{23}{28} \quad \frac{5}{28} \quad \frac{22}{28} \quad \frac{3}{4}$$

$$\frac{3}{4} - \frac{1}{2} \quad \frac{4}{36} \quad \frac{3}{4} - \frac{2}{9} \quad \frac{1}{4} \quad \frac{2}{2} \quad \frac{6}{8} \quad \frac{4}{4} \quad \frac{4}{7} - \frac{2}{8} \quad \frac{2}{4} \quad \frac{1}{2} - \frac{1}{4}$$

$$\frac{1}{3} \quad \frac{15}{36} \quad \frac{19}{36} \quad \frac{27}{36} \quad \frac{6}{7} \quad \frac{4}{7} \quad \frac{4}{8} \quad \frac{2}{3} \quad \frac{3}{3}$$

$$\frac{3}{6} - \frac{1}{6} \quad \frac{8}{10} \quad \frac{3}{5} - \frac{2}{4} \quad \frac{3}{7} \quad \frac{6}{6} - \frac{1}{7} \quad \frac{1}{8} \quad \frac{2}{2} \quad \frac{7}{8} \quad \frac{1}{3} \quad \frac{4}{6} - \frac{1}{3}$$

$$\frac{1}{15} \quad \frac{6}{10} \quad \frac{1}{10} \quad \frac{2}{7} \quad \frac{37}{40} \quad \frac{16}{18} \quad \frac{17}{18} \quad \frac{15}{18} \quad \frac{8}{9}$$

$$\frac{2}{5} - \frac{1}{3} \quad \frac{7}{10} \quad \frac{4}{5} - \frac{1}{2} \quad \frac{5}{10} \quad \frac{5}{8} \quad \frac{3}{5} \quad \frac{3}{18} \quad \frac{2}{9} - \frac{1}{6} \quad \frac{1}{18} \quad \frac{3}{3} - \frac{1}{9}$$

$$\frac{5}{18} \quad \frac{10}{10} \quad \frac{9}{10} \quad \frac{3}{10} \quad \frac{2}{6} \quad \frac{4}{18} \quad \frac{6}{18} \quad \frac{5}{12} \quad \frac{12}{12}$$

$$\frac{7}{9} - \frac{1}{2} \quad \frac{4}{5} \quad \frac{3}{3} - \frac{1}{5} \quad \frac{1}{6} \quad \frac{4}{6} - \frac{1}{2} \quad \frac{6}{6} \quad \frac{3}{3} - \frac{3}{4} \quad \frac{1}{12} \quad \frac{4}{6} - \frac{1}{4}$$

$$\frac{4}{5} - \frac{1}{3} \quad \frac{7}{15} \quad \frac{6}{7} - \frac{3}{6} \quad \frac{4}{14} \quad \frac{6}{8} - \frac{3}{5} \quad \frac{1}{4} \quad \frac{3}{4} - \frac{2}{4} \quad \frac{6}{7} \quad \frac{6}{6} - \frac{6}{7}$$

$$\frac{1}{5} \quad \frac{4}{14} \quad \frac{11}{14} \quad \frac{5}{14} \quad \frac{2}{4} \quad \frac{4}{30} \quad \frac{1}{4} \quad \frac{4}{5} \quad \frac{4}{5}$$

$$\frac{6}{6} - \frac{4}{5} \quad \frac{3}{5} \quad \frac{9}{9} \quad \frac{6}{7} \quad \frac{2}{30} \quad \frac{2}{5} - \frac{1}{6} \quad \frac{26}{30} \quad \text{⚑} \quad \frac{1}{5} \quad \frac{2}{2} - \frac{3}{5}$$

$$\frac{3}{35} \quad \frac{2}{10} \quad \frac{3}{4} \quad \frac{1}{10} \quad \frac{19}{30} \quad \frac{7}{30} \quad \frac{11}{45} \quad \frac{28}{45} \quad \frac{15}{18}$$

$$\frac{4}{5} - \frac{5}{7} \quad \frac{1}{3} \quad \frac{2}{2} \quad \frac{4}{6} \quad \frac{3}{3} \quad \frac{9}{9} \quad \frac{2}{7} \quad \frac{13}{45} \quad \frac{4}{5} - \frac{5}{9} \quad \frac{27}{45} \quad \frac{2}{9} - \frac{1}{6}$$

$$\frac{32}{63} \quad \frac{3}{3} \quad \frac{4}{9} \quad \frac{9}{10} \quad \frac{1}{3} \quad \frac{27}{45} \quad \frac{16}{45} \quad \frac{1}{45} \quad \frac{5}{7}$$

$$\frac{8}{9} - \frac{5}{7} \quad \frac{11}{63} \quad \frac{7}{7} - \frac{5}{9} \quad \frac{5}{9} \quad \frac{6}{9} - \frac{1}{3} \quad \frac{1}{3} \quad \frac{7}{9} \quad \frac{1}{9} \quad \frac{3}{7} \quad \frac{6}{6} \quad \frac{4}{7}$$

$$\frac{1}{5} \quad \frac{17}{18} \quad \frac{8}{9} \quad \frac{4}{18} \quad \frac{4}{4} \quad \frac{1}{4} \quad \frac{1}{4} \quad \frac{8}{40} \quad \frac{13}{20}$$

$$\frac{2}{2} - \frac{4}{5} \quad \frac{7}{18} \quad \frac{5}{9} \quad \frac{1}{2} \quad \frac{17}{18} \quad \frac{3}{8} - \frac{1}{8} \quad \frac{2}{40} \quad \frac{7}{8} - \frac{4}{5} \quad \frac{16}{20} \quad \frac{3}{4} - \frac{3}{5}$$

$$\frac{2}{9} \quad \frac{10}{18} \quad \frac{1}{18} \quad \frac{1}{6} \quad \frac{2}{4} \quad \frac{12}{40} \quad \frac{3}{40} \quad \frac{6}{7} \quad \frac{2}{7}$$

$$\frac{7}{7} - \frac{7}{9} \quad \frac{13}{28} \quad \frac{3}{4} - \frac{2}{7} \quad \frac{3}{6} \quad \frac{2}{3} - \frac{1}{2} \quad \frac{2}{7} \quad \frac{7}{7} - \frac{5}{7} \quad \frac{5}{7} \quad \frac{2}{2} - \frac{1}{7}$$

$\frac{3}{3} - \frac{1}{2}$ $\frac{14}{56}$ $\frac{3}{8} - \frac{1}{7}$ $\frac{2}{2}$ $\frac{5}{5} - \frac{1}{2}$ $\frac{1}{2}$ $\frac{4}{4} - \frac{2}{3}$ $\frac{1}{3}$ $\frac{5}{7} - \frac{2}{4}$

$\frac{14}{40}$ $\frac{8}{40}$ $\frac{5}{6}$ $\frac{2}{5}$ $\frac{1}{5}$ $\frac{3}{5}$ $\frac{2}{3}$ $\frac{2}{6}$ $\frac{3}{14}$

$\frac{5}{8} - \frac{2}{5}$ $\frac{9}{40}$ $\frac{1}{2} - \frac{2}{6}$ $\frac{1}{6}$ $\frac{3}{3} - \frac{4}{5}$ $\frac{3}{5}$ $\frac{7}{8}$ $\frac{7}{9}$ $\frac{2}{6}$ $\frac{4}{8} - \frac{2}{6}$

$\frac{1}{10}$ $\frac{31}{40}$ $\frac{2}{6}$ $\frac{2}{3}$ $\frac{4}{5}$ $\frac{4}{6}$ $\frac{4}{5}$ $\frac{6}{6}$ $\frac{1}{6}$

$\frac{2}{4} - \frac{2}{5}$ $\frac{1}{3}$ $\frac{1}{2} - \frac{1}{6}$ $\frac{2}{3}$ 🏁 $\frac{1}{5}$ $\frac{5}{5} - \frac{4}{5}$ $\frac{1}{9}$ $\frac{3}{9}$ $\frac{2}{9}$

$\frac{6}{10}$ $\frac{3}{3}$ $\frac{1}{6}$ $\frac{2}{45}$ $\frac{13}{45}$ $\frac{41}{45}$ $\frac{5}{5}$ $\frac{2}{3}$ $\frac{5}{9}$

$\frac{3}{3} - \frac{1}{7}$ $\frac{6}{6}$ $\frac{7}{7} - \frac{5}{6}$ $\frac{19}{45}$ $\frac{4}{9} - \frac{2}{5}$ $\frac{30}{45}$ $\frac{9}{9}$ $\frac{1}{4}$ $\frac{1}{3}$ $\frac{5}{5} - \frac{2}{3}$

$\frac{6}{15}$ $\frac{3}{6}$ $\frac{2}{6}$ $\frac{44}{45}$ $\frac{2}{9}$ $\frac{8}{10}$ $\frac{3}{10}$ $\frac{2}{11}$ $\frac{1}{6}$

$\frac{2}{3} - \frac{3}{5}$ $\frac{6}{6}$ $\frac{6}{6} - \frac{1}{6}$ $\frac{4}{9}$ $\frac{4}{4}$ $\frac{7}{9}$ $\frac{7}{10}$ $\frac{3}{5} - \frac{2}{4}$ $\frac{5}{10}$ $\frac{5}{6}$ $\frac{4}{6}$

$\frac{25}{63}$ $\frac{30}{63}$ $\frac{18}{18}$ $\frac{3}{6}$ $\frac{1}{6}$ $\frac{9}{10}$ $\frac{1}{10}$ $\frac{1}{5}$ $\frac{2}{5}$

$\frac{3}{7} - \frac{2}{9}$ $\frac{14}{18}$ $\frac{5}{9} - \frac{1}{2}$ $\frac{4}{6}$ $\frac{2}{4} - \frac{3}{9}$ $\frac{3}{7}$ $\frac{3}{3} - \frac{4}{7}$ $\frac{5}{5}$ $\frac{7}{7} - \frac{4}{5}$

Time:

20

Score:

$\frac{2}{2} - \frac{1}{2}$	$\frac{1}{2}$	🏁	$\frac{1}{8}$	$\frac{6}{6} - \frac{7}{8}$	$\frac{7}{8}$	$\frac{2}{2} - \frac{8}{9}$	$\frac{3}{3}$	$\frac{7}{7} - \frac{2}{3}$	🚗

$\frac{2}{2} - \frac{1}{2}$ $\frac{1}{2}$ 🏁 $\frac{1}{8}$ $\frac{6}{6} - \frac{7}{8}$ $\frac{7}{8}$ $\frac{2}{2} - \frac{8}{9}$ $\frac{3}{3}$ $\frac{7}{7} - \frac{2}{3}$ 🚗

$\frac{1}{2}$ $\frac{35}{45}$ $\frac{34}{45}$ $\frac{6}{8}$ $\frac{4}{5}$ $\frac{8}{8}$ $\frac{6}{9}$ $\frac{1}{3}$ $\frac{2}{3}$

$\frac{2}{2} - \frac{3}{7}$ $\frac{35}{45}$ $\frac{2}{5} - \frac{1}{9}$ $\frac{13}{45}$ $\frac{6}{6} - \frac{1}{5}$ $\frac{9}{15}$ $\frac{3}{5} - \frac{2}{6}$ $\frac{15}{15}$ $\frac{1}{2} - \frac{1}{7}$

$\frac{2}{2}$ $\frac{3}{45}$ $\frac{7}{15}$ $\frac{7}{9}$ $\frac{2}{9}$ $\frac{4}{15}$ $\frac{8}{15}$ $\frac{9}{15}$ $\frac{13}{14}$

$\frac{6}{6} - \frac{1}{2}$ $\frac{1}{2}$ $\frac{2}{3} - \frac{1}{5}$ $\frac{6}{9}$ $\frac{2}{3} - \frac{1}{9}$ $\frac{5}{9}$ $\frac{5}{6} - \frac{1}{4}$ $\frac{11}{12}$ $\frac{5}{7} - \frac{1}{2}$

$\frac{4}{5}$ $\frac{1}{3}$ $\frac{2}{3}$ $\frac{1}{9}$ $\frac{1}{9}$ $\frac{8}{9}$ $\frac{7}{12}$ $\frac{4}{6}$ $\frac{1}{14}$

$\frac{8}{9} - \frac{4}{6}$ $\frac{2}{3} - \frac{4}{8}$ $\frac{1}{6}$ $\frac{3}{3} - \frac{7}{8}$ $\frac{6}{8}$ $\frac{2}{6} - \frac{2}{3}$ $\frac{3}{6}$ $\frac{5}{6} - \frac{1}{2}$ $\frac{1}{5}$

$\frac{10}{14}$ $\frac{13}{14}$ $\frac{1}{2}$ $\frac{22}{63}$ $\frac{2}{63}$ $\frac{1}{6}$ $\frac{2}{6}$ $\frac{2}{6}$ $\frac{9}{10}$

$\frac{5}{7} - \frac{4}{8}$ $\frac{3}{14} - \frac{3}{4}$ $\frac{2}{8}$ $\frac{14}{63}$ $\frac{5}{9} - \frac{2}{7}$ $\frac{3}{63}$ $\frac{2}{2} - \frac{1}{2}$ $\frac{4}{5}$ $\frac{3}{3} - \frac{4}{5}$

$\frac{1}{2}$ $\frac{4}{14}$ $\frac{12}{14}$ $\frac{33}{63}$ $\frac{17}{63}$ $\frac{11}{63}$ $\frac{2}{2}$ $\frac{5}{5}$ $\frac{1}{5}$

$\frac{6}{8} - \frac{1}{4}$ $\frac{5}{14} - \frac{6}{7}$ $\frac{1}{2}$ $\frac{1}{4}$ $\frac{3}{3} - \frac{3}{4}$ $\frac{2}{4}$ $\frac{4}{4} - \frac{1}{2}$ $\frac{3}{6}$ $\frac{6}{9} - \frac{2}{4}$

Time: 21   Score:

Row 1: $\frac{8}{9}$ - $\frac{2}{6}$ $\frac{4}{9}$ $\frac{2}{5}$ - $\frac{1}{6}$ $\frac{7}{30}$ $\frac{1}{2}$ - $\frac{2}{9}$ $\frac{18}{18}$ $\frac{5}{5}$ - $\frac{7}{9}$ $\frac{4}{9}$ $\frac{7}{7}$ - $\frac{4}{5}$

Row 2: $\frac{5}{9}$ $\frac{7}{9}$ $\frac{5}{63}$ $\frac{55}{63}$ $\frac{5}{18}$ $\frac{14}{18}$ $\frac{49}{63}$ $\frac{14}{63}$ $\frac{1}{5}$

Row 3: $\frac{1}{2}$ - $\frac{1}{3}$ $\frac{1}{6}$ $\frac{6}{7}$ - $\frac{7}{9}$ $\frac{27}{63}$ $\frac{2}{2}$ - $\frac{6}{8}$ $\frac{1}{4}$ $\frac{8}{9}$ - $\frac{3}{7}$ $\frac{35}{63}$ $\frac{4}{4}$ - $\frac{3}{4}$

Row 4: $\frac{6}{6}$ $\frac{30}{63}$ $\frac{12}{63}$ $\frac{1}{63}$ $\frac{2}{4}$ $\frac{33}{63}$ $\frac{37}{63}$ $\frac{29}{63}$ $\frac{22}{24}$

Row 5: $\frac{4}{4}$ - $\frac{3}{4}$ $\frac{1}{5}$ $\frac{9}{9}$ - $\frac{4}{5}$ $\frac{1}{8}$ $\frac{5}{5}$ - $\frac{7}{8}$ $\frac{1}{3}$ $\frac{2}{3}$ - $\frac{1}{3}$ $\frac{7}{24}$ $\frac{5}{8}$ - $\frac{1}{3}$

Row 6: $\frac{4}{4}$ $\frac{1}{4}$ $\frac{2}{5}$ $\frac{7}{8}$ $\frac{5}{8}$ $\frac{3}{8}$ $\frac{3}{3}$ $\frac{16}{24}$ $\frac{5}{24}$

Row 7: $\frac{2}{3}$ - $\frac{1}{4}$ $\frac{2}{12}$ $\frac{2}{2}$ - $\frac{1}{3}$ $\frac{1}{3}$ $\frac{2}{2}$ - $\frac{1}{9}$ $\frac{4}{9}$ $\frac{2}{2}$ - $\frac{1}{2}$ $\frac{1}{2}$ $\frac{6}{6}$ - $\frac{3}{9}$

Row 8: $\frac{11}{12}$ $\frac{1}{3}$ $\frac{3}{6}$ $\frac{2}{3}$ $\frac{5}{8}$ $\frac{6}{8}$ $\frac{1}{2}$ $\frac{1}{2}$ $\frac{2}{3}$

Row 9: $\frac{6}{7}$ - $\frac{1}{8}$ $\frac{4}{6}$ $\frac{5}{5}$ - $\frac{5}{6}$ $\frac{3}{8}$ $\frac{3}{4}$ - $\frac{3}{8}$ $\frac{8}{8}$ $\frac{3}{4}$ - $\frac{2}{7}$ $\frac{2}{28}$ $\frac{2}{4}$ - $\frac{1}{7}$

Row 10: $\frac{8}{56}$ $\frac{2}{2}$ $\frac{1}{6}$ $\frac{2}{8}$ $\frac{8}{8}$ $\frac{7}{8}$ $\frac{8}{28}$ $\frac{10}{14}$ $\frac{8}{14}$

Row 11: $\frac{3}{5}$ - $\frac{4}{7}$ $\frac{1}{3}$ $\frac{2}{2}$ - $\frac{2}{4}$ $\frac{1}{2}$ $\frac{4}{6}$ - $\frac{2}{4}$ $\frac{1}{6}$ 🏁 $\frac{2}{14}$ $\frac{1}{2}$ - $\frac{2}{7}$

Time: 22   Score:

$\frac{5}{9}-\frac{1}{7}$	$\frac{4}{5}$	$\frac{5}{5}-\frac{4}{5}$	$\frac{3}{5}$	$\frac{2}{4}-\frac{1}{6}$	$\frac{4}{9}$	$\frac{2}{2}-\frac{7}{9}$	$\frac{2}{9}$	
$\frac{2}{5}$	$\frac{1}{4}$	$\frac{1}{5}$	$\frac{4}{5}$	$\frac{2}{12}$	$\frac{6}{9}$	$\frac{8}{35}$	$\frac{9}{35}$	$\frac{26}{35}$
$\frac{1}{2}-\frac{2}{8}$	$\frac{3}{4}-\frac{4}{7}$	$\frac{2}{7}-\frac{6}{7}$	$\frac{2}{3}-\frac{1}{4}$	$\frac{35}{35}$	$\frac{3}{7}-\frac{1}{5}$	$\frac{2}{35}$	$\frac{1}{5}-\frac{1}{7}$	
$\frac{1}{2}$	$\frac{4}{12}$	$\frac{2}{7}$	$\frac{1}{12}$	$\frac{6}{35}$	$\frac{3}{8}$	$\frac{5}{7}$	$\frac{4}{7}$	$\frac{21}{35}$
$\frac{5}{6}-\frac{1}{3}$	$\frac{2}{2}-\frac{6}{8}$	$\frac{2}{6}$	$\frac{7}{12}$	$\frac{3}{5}-\frac{4}{7}$	$\frac{1}{7}$	$\frac{3}{3}-\frac{3}{7}$	$\frac{3}{7}$	$\frac{3}{3}-\frac{2}{4}$
$\frac{1}{6}$	$\frac{11}{12}$	$\frac{12}{12}$	$\frac{5}{12}$	$\frac{8}{9}$	$\frac{1}{9}$	$\frac{1}{7}$	$\frac{5}{63}$	$\frac{3}{63}$
$\frac{4}{4}-\frac{5}{6}$	$\frac{4}{6}-\frac{3}{3}$	$\frac{2}{5}-\frac{4}{9}$	$\frac{7}{9}-\frac{2}{3}$	$\frac{6}{9}$	$\frac{1}{3}-\frac{1}{4}$	$\frac{10}{63}$	$\frac{5}{7}-\frac{2}{9}$	
$\frac{3}{4}$	$\frac{8}{8}$	$\frac{5}{8}$	$\frac{5}{9}$	$\frac{58}{63}$	$\frac{6}{9}$	$\frac{1}{2}$	$\frac{2}{2}$	$\frac{11}{24}$
$\frac{5}{5}-\frac{1}{4}$	$\frac{5}{8}$	$\frac{5}{5}-\frac{1}{8}$	$\frac{3}{8}$	$\frac{5}{7}-\frac{1}{9}$	$\frac{2}{2}$	$\frac{4}{4}-\frac{1}{2}$	$\frac{9}{24}$	$\frac{3}{8}-\frac{1}{3}$
$\frac{47}{72}$	$\frac{7}{8}$	$\frac{4}{8}$	$\frac{1}{4}$	$\frac{3}{4}$	$\frac{2}{4}$	$\frac{12}{12}$	$\frac{15}{15}$	$\frac{14}{15}$
$\frac{7}{9}-\frac{1}{8}$	$\frac{71}{72}$	$\frac{2}{2}-\frac{2}{3}$	$\frac{4}{4}$	$\frac{3}{6}$	$\frac{2}{8}$	$\frac{5}{12}$	$\frac{2}{3}-\frac{2}{8}$	$\frac{7}{15}$	$\frac{4}{5}-\frac{1}{3}$

Time:

Score:

$$\frac{3}{4} - \frac{4}{7} \quad \frac{8}{9} \quad \frac{4}{9} - \frac{2}{9} \quad \frac{7}{9} \quad \frac{2}{4} - \frac{1}{3} \quad \frac{6}{6} \quad \frac{2}{2} - \frac{2}{4} \quad \frac{2}{2} \quad \frac{2}{2} - \frac{1}{6}$$

$$\frac{5}{15} \quad \frac{4}{15} \quad \frac{2}{9} \quad \frac{1}{9} \quad \frac{19}{35} \quad \frac{11}{35} \quad \frac{2}{5} \quad \frac{3}{7} \quad \frac{5}{7}$$

$$\frac{3}{5} - \frac{1}{3} \quad \frac{13}{15} \quad \frac{5}{8} - \frac{4}{9} \quad \frac{13}{72} \quad \frac{4}{5} - \frac{2}{7} \quad \frac{34}{35} \quad \frac{4}{4} - \frac{4}{5} \quad \frac{5}{5} \quad \frac{8}{8} - \frac{4}{7}$$

$$\frac{2}{7} \quad \frac{3}{15} \quad \frac{6}{6} \quad \frac{15}{35} \quad \frac{18}{35} \quad \frac{2}{35} \quad \frac{5}{6} \quad \frac{2}{6} \quad \frac{5}{7}$$

$$\frac{3}{3} - \frac{5}{7} \quad \frac{1}{6} \quad \frac{2}{6} - \frac{1}{6} \quad \frac{2}{6} \quad \frac{2}{5} - \frac{1}{3} \quad \frac{9}{15} \quad \frac{4}{4} - \frac{5}{6} \quad \frac{1}{6}$$

$$\frac{6}{7} \quad \frac{5}{7} \quad \frac{7}{7} \quad \frac{3}{6} \quad \frac{1}{15} \quad \frac{6}{7} \quad \frac{4}{21} \quad \frac{27}{63} \quad \frac{30}{63}$$

$$\frac{6}{7} - \frac{1}{7} \quad \frac{3}{7} \quad \frac{4}{4} - \frac{4}{7} \quad \frac{1}{7} \quad \frac{4}{7} - \frac{1}{7} \quad \frac{4}{7} \quad \frac{2}{6} - \frac{1}{7} \quad \frac{40}{63} \quad \frac{6}{7} - \frac{2}{9}$$

$$\frac{3}{3} \quad \frac{1}{9} \quad \frac{2}{9} \quad \frac{8}{9} \quad \frac{2}{7} \quad \frac{3}{7} \quad \frac{4}{9} \quad \frac{7}{9} \quad \frac{1}{4}$$

$$\frac{5}{5} - \frac{1}{3} \quad \frac{2}{3} \quad \frac{4}{9} - \frac{1}{3} \quad \frac{4}{9} \quad \frac{4}{5} - \frac{3}{5} \quad \frac{4}{9} \quad \frac{2}{2} - \frac{7}{9} \quad \frac{2}{9} \quad \frac{4}{4} - \frac{3}{4}$$

$$\frac{7}{15} \quad \frac{5}{15} \quad \frac{28}{72} \quad \frac{4}{9} \quad \frac{2}{6} \quad \frac{5}{9} \quad \frac{7}{9} \quad \frac{8}{20} \quad \frac{2}{4}$$

$$\frac{2}{3} - \frac{1}{5} \quad \frac{2}{15} \quad \frac{2}{9} - \frac{1}{8} \quad \frac{50}{72} \quad \frac{9}{9} - \frac{5}{6} \quad \frac{1}{6} \quad \frac{5}{5} - \frac{1}{3} \quad \frac{3}{3} \quad \frac{1}{4} - \frac{1}{5}$$

Time: _____ 24 Score: _____

Fraction maze puzzle

Row 1: $\frac{1}{3}-\frac{1}{9}$ | $\frac{15}{18}$ | $\frac{1}{2}-\frac{2}{9}$ | $\frac{1}{5}$ | $\frac{9}{9}-\frac{4}{5}$ | $\frac{12}{12}$ | $\frac{3}{4}-\frac{6}{9}$ | $\frac{5}{21}$ | $\frac{3}{7}-\frac{1}{3}$

Row 2: $\frac{8}{9}$ | $\frac{1}{18}$ | $\frac{5}{18}$ | $\frac{11}{18}$ | $\frac{2}{2}$ | $\frac{4}{7}$ | $\frac{5}{7}$ | $\frac{8}{21}$ | $\frac{2}{21}$

Row 3: $\frac{5}{5}-\frac{4}{6}$ | $\frac{3}{18}$ | $\frac{8}{9}-\frac{1}{6}$ | $\frac{1}{2}-\frac{2}{2}$ | $\frac{1}{2}-\frac{2}{7}$ | $\frac{4}{4}-\frac{5}{7}$ | $\frac{23}{28}$ | $\frac{3}{4}-\frac{5}{7}$

Row 4: $\frac{3}{8}$ | $\frac{18}{18}$ | $\frac{13}{18}$ | $\frac{5}{6}$ | $\frac{3}{6}$ | $\frac{5}{7}$ | $\frac{3}{5}$ | $\frac{3}{3}$ | $\frac{1}{28}$

Row 5: $\frac{9}{9}-\frac{7}{8}$ | $\frac{5}{12}$ | $\frac{2}{3}-\frac{1}{4}$ | $\frac{8}{12}$ | $\frac{3}{9}-\frac{1}{6}$ | $\frac{4}{5}-\frac{5}{5}$ | $\frac{2}{5}-\frac{2}{3}$ | $\frac{6}{6}-\frac{3}{9}$

Row 6: $\frac{1}{8}$ | $\frac{7}{8}$ | $\frac{7}{12}$ | $\frac{2}{9}$ | $\frac{4}{6}$ | $\frac{1}{6}$ | $\frac{2}{15}$ | $\frac{13}{15}$ | $\frac{1}{3}$

Row 7: $\frac{5}{6}-\frac{2}{7}$ | $\frac{23}{42}$ | $\frac{8}{9}-\frac{2}{3}$ | $\frac{4}{9}-\frac{3}{4}$ | $\frac{4}{6}-\frac{11}{15}$ | $\frac{4}{6}-\frac{1}{5}$ | $\frac{5}{15}$ | $\frac{8}{8}-\frac{6}{9}$

Row 8: $\frac{13}{42}$ | $\frac{8}{9}$ | $\frac{3}{9}$ | $\frac{9}{9}$ | $\frac{3}{3}$ | $\frac{7}{15}$ | $\frac{14}{15}$ | $\frac{3}{15}$ | $\frac{3}{3}$

Row 9: $\frac{5}{7}-\frac{2}{3}$ | $\frac{4}{4}-\frac{5}{5}$ | $\frac{3}{4}-\frac{2}{3}$ | $\frac{3}{3}-\frac{2}{3}$ | $\frac{1}{3}-\frac{6}{8}$ | $\frac{2}{3}-\frac{7}{12}$

Row 10: $\frac{12}{21}$ | $\frac{10}{21}$ | $\frac{1}{4}$ | $\frac{3}{3}$ | $\frac{2}{3}$ | $\frac{2}{3}$ | $\frac{1}{12}$ | $\frac{23}{35}$ | $\frac{1}{3}$

Row 11: $\frac{6}{6}-\frac{3}{4}$ | $\frac{3}{6}-\frac{6}{6}$ | $\frac{5}{6}-\frac{4}{6}$ | $\frac{1}{2}-\frac{1}{3}$ | $\frac{30}{35}$ | $\frac{5}{7}-\frac{3}{5}$ | $\frac{4}{35}$ | $\frac{8}{8}-\frac{6}{9}$

$$\frac{3}{5} - \frac{1}{5} \quad \frac{15}{18} \quad \frac{5}{6} - \frac{2}{9} \quad \frac{17}{28} \quad \frac{6}{7} - \frac{1}{4} \quad \frac{27}{28} \quad \frac{4}{9} - \frac{1}{4} \quad \frac{28}{36} \quad \frac{2}{2} - \frac{2}{8}$$

$$\frac{12}{18} \quad \frac{10}{24} \quad \frac{11}{18} \quad \frac{17}{18} \quad \frac{1}{6} \quad \frac{6}{7} \quad \frac{12}{18} \quad \frac{7}{12} \quad \frac{12}{12}$$

$$\frac{2}{3} - \frac{4}{7} \quad \frac{3}{8} - \frac{3}{3} \quad \frac{5}{8} \quad \frac{1}{8} \quad \frac{2}{6} - \frac{1}{6} \quad \frac{5}{6} - \frac{5}{6} \quad \frac{1}{9} \quad \frac{8}{18} \quad \frac{2}{3} - \frac{1}{4}$$

$$\frac{12}{21} \quad \frac{2}{21} \quad \frac{6}{8} \quad \frac{4}{9} \quad \frac{3}{24} \quad \frac{5}{7} \quad \frac{6}{7} \quad \frac{1}{7} \quad \frac{2}{24}$$

$$\frac{3}{6} - \frac{1}{3} \quad \frac{4}{28} \quad \frac{4}{5} - \frac{1}{3} \quad \frac{13}{15} \quad \frac{3}{8} - \frac{2}{6} \quad \frac{3}{7} \quad \frac{2}{2} - \frac{2}{7} \quad \frac{6}{7} \quad \frac{5}{6} - \frac{3}{8}$$

$$\frac{6}{6} \quad \frac{8}{15} \quad \frac{7}{15} \quad \frac{9}{15} \quad \frac{5}{14} \quad \frac{13}{14} \quad \frac{1}{7} \quad \frac{3}{14} \quad \frac{4}{14}$$

$$\frac{55}{72} \quad \frac{8}{9} - \frac{1}{8} \quad \frac{1}{14} \quad \frac{5}{7} - \frac{2}{4} \quad \frac{8}{14} \quad \frac{5}{5} - \frac{1}{4} \quad \frac{1}{14} \quad \frac{1}{2} - \frac{2}{7}$$

$$\frac{1}{4} \quad \frac{2}{28} \quad \frac{5}{7} \quad \frac{1}{7} \quad \frac{3}{14} \quad \frac{46}{63} \quad \frac{10}{18} \quad \frac{11}{14} \quad \frac{1}{3}$$

$$\frac{4}{4} - \frac{1}{4} \quad \frac{5}{7} - \frac{6}{7} \quad \frac{5}{7} \quad \frac{4}{7} \quad \frac{2}{2} - \frac{1}{2} \quad \frac{5}{18} \quad \frac{1}{2} - \frac{4}{9} \quad \frac{13}{18} \quad \frac{2}{2} - \frac{2}{3}$$

$$\frac{10}{15} \quad \frac{1}{15} \quad \frac{2}{7} \quad \frac{1}{4} \quad \frac{1}{2} \quad \frac{1}{35} \quad \frac{17}{18} \quad \frac{1}{18} \quad \frac{1}{4}$$

$$\frac{2}{5} - \frac{2}{6} \quad \frac{4}{15} \quad \frac{2}{3} - \frac{1}{6} \quad \frac{30}{35} \quad \frac{3}{7} - \frac{2}{5} \quad \frac{15}{35} \quad \frac{7}{8} - \frac{1}{2} \quad \frac{4}{4} \quad \frac{9}{9} - \frac{3}{4}$$

Time: 26   Score:

$$\frac{4}{5} - \frac{1}{2} \quad \frac{2}{10} \quad \frac{8}{8} - \frac{3}{5} \quad \frac{6}{8} \quad \frac{7}{7} - \frac{3}{8} \quad \frac{5}{8} \quad \frac{3}{4} - \frac{2}{3} \quad \frac{1}{12} \quad \frac{5}{7} - \frac{1}{5}$$

$$\frac{3}{10} \quad \frac{6}{10} \quad \frac{10}{20} \quad \frac{11}{20} \quad \frac{1}{8} \quad \frac{2}{18} \quad \frac{11}{12} \quad \frac{18}{35} \quad \frac{1}{35}$$

$$\frac{5}{8} - \frac{3}{7} \quad \frac{11}{56} \quad \frac{6}{8} - \frac{1}{5} \quad \frac{14}{20} \quad \frac{6}{9} - \frac{1}{8} \quad \frac{6}{18} \quad \frac{5}{6} - \frac{4}{9} \quad \frac{14}{18} \quad \frac{5}{5} - \frac{3}{6}$$

$$\frac{12}{56} \quad \frac{5}{20} \quad \frac{8}{20} \quad \frac{12}{20} \quad \frac{5}{5} \quad \frac{7}{18} \quad \frac{18}{18} \quad \frac{17}{18} \quad \frac{1}{2}$$

$$\frac{2}{5} - \frac{1}{3} \quad \frac{7}{18} \quad \frac{5}{9} - \frac{1}{6} \quad \frac{1}{5} \quad \frac{3}{3} - \frac{4}{5} \quad \frac{4}{5} \quad \frac{5}{5} - \frac{5}{6} \quad \frac{3}{6} \quad \frac{6}{6} - \frac{3}{4}$$

$$\frac{1}{15} \quad \frac{10}{15} \quad \frac{6}{18} \quad \frac{4}{5} \quad \frac{4}{5} \quad \frac{3}{5} \quad \frac{3}{6} \quad \frac{2}{4} \quad \frac{1}{4}$$

$$\frac{1}{4} - \frac{1}{6} \quad \frac{7}{12} \quad \frac{3}{3} - \frac{4}{9} \quad \frac{4}{9} \quad \frac{4}{4} - \frac{5}{6} \quad \frac{5}{6} \quad \frac{8}{9} - \frac{3}{6} \quad \frac{15}{18} \quad \frac{4}{5} - \frac{4}{9}$$

$$\frac{1}{12} \quad \frac{7}{9} \quad \frac{3}{9} \quad \frac{2}{9} \quad \frac{8}{9} \quad \frac{2}{9} \quad \frac{14}{18} \quad \frac{3}{18} \quad \frac{18}{45}$$

$$\frac{3}{3} - \frac{1}{2} \quad \frac{2}{2} - \frac{3}{4} \quad \frac{2}{3} - \frac{9}{9} \quad \frac{7}{9} - \frac{4}{6} \quad \frac{6}{9} \quad \text{🏁} \quad \frac{7}{7} - \frac{2}{7} - \frac{1}{7}$$

$$\frac{1}{2} \quad \frac{4}{5} \quad \frac{7}{12} \quad \frac{3}{5} \quad \frac{1}{9} \quad \frac{8}{9} \quad \frac{8}{63} \quad \frac{47}{63} \quad \frac{1}{7}$$

$$\frac{2}{4} - \frac{2}{6} \quad \frac{1}{6} \quad \frac{3}{3} - \frac{2}{5} \quad \frac{2}{5} \quad \frac{7}{7} - \frac{3}{4} \quad \frac{1}{4} \quad \frac{4}{7} - \frac{4}{9} \quad \frac{25}{63} \quad \frac{7}{7} - \frac{1}{2}$$

Time: 27   Score:

$\dfrac{6}{6} - \dfrac{5}{8}$ $\dfrac{3}{4}$ $\dfrac{3}{3} - \dfrac{1}{4}$ $\dfrac{1}{4}$ 🏁 $\dfrac{8}{9}$ $\dfrac{4}{9} - \dfrac{2}{9}$ $\dfrac{1}{3}$ $\dfrac{5}{6} - \dfrac{1}{6}$

$\dfrac{1}{8}$ $\dfrac{2}{20}$ $\dfrac{16}{20}$ $\dfrac{3}{20}$ $\dfrac{8}{8}$ $\dfrac{2}{5}$ $\dfrac{2}{5}$ $\dfrac{2}{3}$ $\dfrac{3}{3}$

$\dfrac{3}{5} - \dfrac{1}{2}$ $\dfrac{9}{20}$ $\dfrac{3}{4} - \dfrac{3}{5}$ $\dfrac{11}{20}$ $\dfrac{3}{3} - \dfrac{7}{8}$ $\dfrac{2}{5}$ $\dfrac{2}{2} - \dfrac{4}{5}$ $\dfrac{4}{5}$ $\dfrac{5}{7} - \dfrac{1}{6}$

$\dfrac{23}{40}$ $\dfrac{34}{40}$ $\dfrac{1}{2}$ $\dfrac{7}{12}$ $\dfrac{11}{12}$ $\dfrac{3}{5}$ $\dfrac{4}{5}$ $\dfrac{1}{5}$ $\dfrac{1}{3}$

$\dfrac{5}{8} - \dfrac{3}{5}$ $\dfrac{1}{40}$ $\dfrac{2}{2}$ $\dfrac{3}{6}$ $\dfrac{2}{2}$ $\dfrac{3}{4} - \dfrac{1}{3}$ $\dfrac{8}{12}$ $\dfrac{2}{2}$ $\dfrac{1}{5}$ $\dfrac{3}{3}$ $\dfrac{5}{5} - \dfrac{2}{6}$

$\dfrac{1}{2}$ $\dfrac{6}{8}$ $\dfrac{4}{8}$ $\dfrac{10}{12}$ $\dfrac{5}{12}$ $\dfrac{3}{7}$ $\dfrac{2}{7}$ $\dfrac{2}{3}$ $\dfrac{3}{4}$

$\dfrac{6}{6} - \dfrac{1}{2}$ $\dfrac{3}{8}$ $\dfrac{6}{8} - \dfrac{3}{8}$ $\dfrac{2}{3}$ $\dfrac{4}{6} - \dfrac{1}{3}$ $\dfrac{1}{7}$ $\dfrac{6}{6}$ $\dfrac{4}{7}$ $\dfrac{6}{7}$ $\dfrac{6}{6} - \dfrac{5}{7}$

$\dfrac{3}{14}$ $\dfrac{1}{14}$ $\dfrac{5}{6}$ $\dfrac{1}{45}$ $\dfrac{1}{3}$ $\dfrac{1}{7}$ $\dfrac{7}{7}$ $\dfrac{5}{7}$ $\dfrac{6}{7}$

$\dfrac{1}{2} - \dfrac{3}{7}$ $\dfrac{1}{6}$ $\dfrac{4}{8}$ $\dfrac{1}{3}$ $\dfrac{19}{45}$ $\dfrac{3}{5} - \dfrac{2}{9}$ $\dfrac{43}{45}$ $\dfrac{2}{3} - \dfrac{1}{3}$ $\dfrac{2}{4}$ $\dfrac{3}{3} - \dfrac{3}{4}$

$\dfrac{2}{14}$ $\dfrac{3}{14}$ $\dfrac{1}{2}$ $\dfrac{3}{45}$ $\dfrac{40}{45}$ $\dfrac{17}{45}$ $\dfrac{2}{3}$ $\dfrac{4}{4}$ $\dfrac{1}{4}$

$\dfrac{4}{4} - \dfrac{3}{7}$ $\dfrac{2}{2}$ $\dfrac{5}{5}$ $\dfrac{1}{2}$ $\dfrac{2}{9}$ $\dfrac{8}{9} - \dfrac{4}{6}$ $\dfrac{1}{3}$ $\dfrac{1}{2} - \dfrac{1}{6}$ $\dfrac{3}{3}$ $\dfrac{8}{8} - \dfrac{1}{2}$

Time:

28

Score:

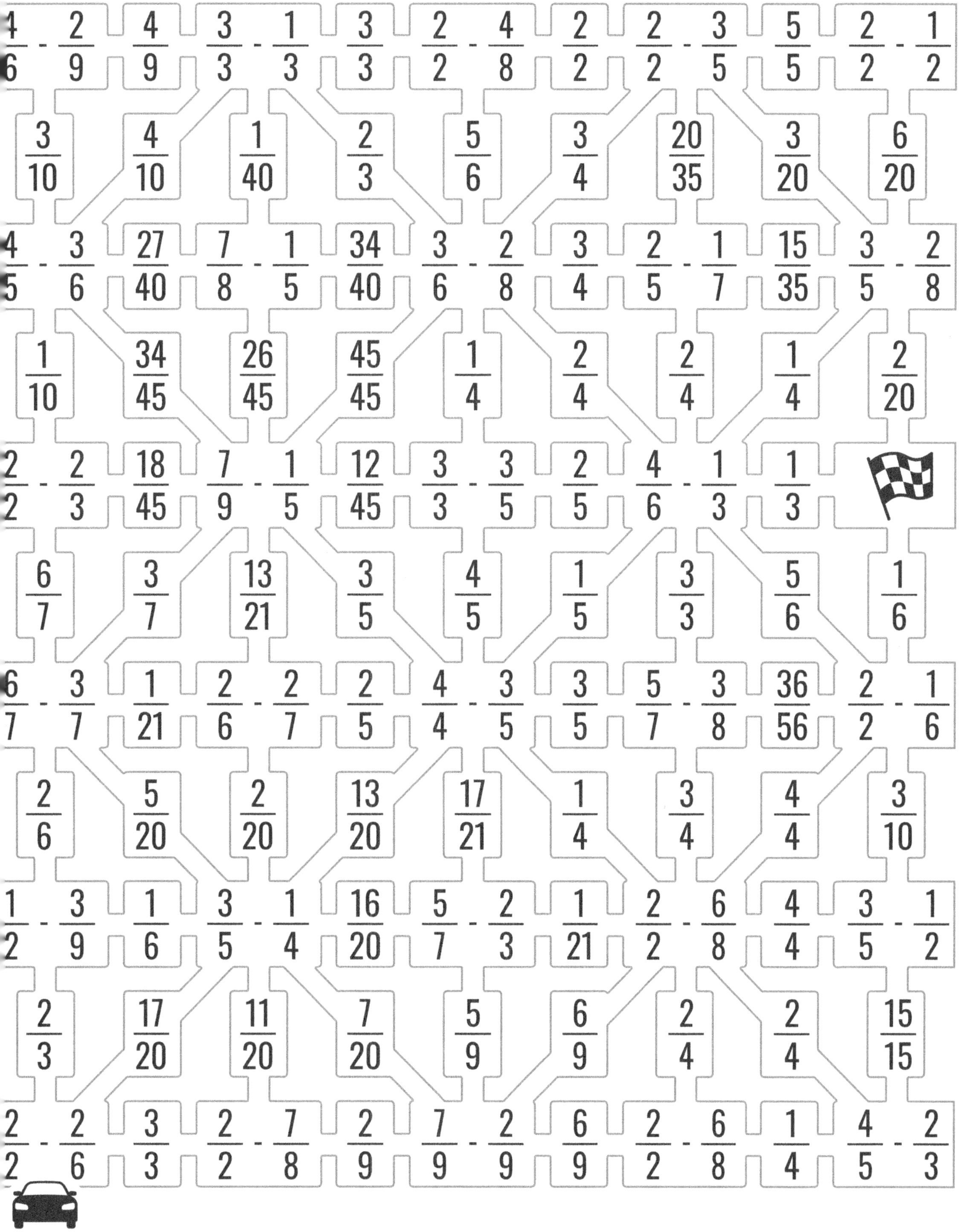

$$\frac{4}{6} - \frac{2}{9} \quad \frac{4}{9} \quad \frac{3}{3} - \frac{1}{3} \quad \frac{3}{3} \quad \frac{2}{2} - \frac{4}{8} \quad \frac{2}{2} \quad \frac{2}{2} - \frac{3}{5} \quad \frac{5}{5} \quad \frac{2}{2} - \frac{1}{2}$$

$$\frac{3}{10} \quad \frac{4}{10} \quad \frac{1}{40} \quad \frac{2}{3} \quad \frac{5}{6} \quad \frac{3}{4} \quad \frac{20}{35} \quad \frac{3}{20} \quad \frac{6}{20}$$

$$\frac{4}{5} - \frac{3}{6} \quad \frac{27}{40} \quad \frac{7}{8} - \frac{1}{5} \quad \frac{34}{40} \quad \frac{3}{6} \quad \frac{2}{8} \quad \frac{3}{4} \quad \frac{2}{5} - \frac{1}{7} \quad \frac{15}{35} \quad \frac{3}{5} - \frac{2}{8}$$

$$\frac{1}{10} \quad \frac{34}{45} \quad \frac{26}{45} \quad \frac{45}{45} \quad \frac{1}{4} \quad \frac{2}{4} \quad \frac{2}{4} \quad \frac{1}{4} \quad \frac{2}{20}$$

$$\frac{2}{2} - \frac{2}{3} \quad \frac{18}{45} \quad \frac{7}{9} - \frac{1}{5} \quad \frac{12}{45} \quad \frac{3}{3} \quad \frac{3}{5} \quad \frac{2}{5} \quad \frac{4}{6} - \frac{1}{3} \quad \frac{1}{3}$$

$$\frac{6}{7} \quad \frac{3}{7} \quad \frac{13}{21} \quad \frac{3}{5} \quad \frac{4}{5} \quad \frac{1}{5} \quad \frac{3}{3} \quad \frac{5}{6} \quad \frac{1}{6}$$

$$\frac{6}{7} - \frac{3}{7} \quad \frac{1}{21} \quad \frac{2}{6} \quad \frac{2}{7} \quad \frac{2}{5} \quad \frac{4}{4} - \frac{3}{5} \quad \frac{3}{5} \quad \frac{5}{7} \quad \frac{3}{8} \quad \frac{36}{56} \quad \frac{2}{2} - \frac{1}{6}$$

$$\frac{2}{6} \quad \frac{5}{20} \quad \frac{2}{20} \quad \frac{13}{20} \quad \frac{17}{21} \quad \frac{1}{4} \quad \frac{3}{4} \quad \frac{4}{4} \quad \frac{3}{10}$$

$$\frac{1}{2} - \frac{3}{9} \quad \frac{1}{6} \quad \frac{3}{5} - \frac{1}{4} \quad \frac{16}{20} \quad \frac{5}{7} \quad \frac{2}{3} \quad \frac{1}{21} \quad \frac{2}{2} - \frac{6}{8} \quad \frac{4}{4} - \frac{3}{5} \quad \frac{1}{2}$$

$$\frac{2}{3} \quad \frac{17}{20} \quad \frac{11}{20} \quad \frac{7}{20} \quad \frac{5}{9} \quad \frac{6}{9} \quad \frac{2}{4} \quad \frac{2}{4} \quad \frac{15}{15}$$

$$\frac{2}{2} - \frac{2}{6} \quad \frac{3}{3} \quad \frac{2}{2} - \frac{7}{8} \quad \frac{2}{9} \quad \frac{7}{9} \quad \frac{2}{9} \quad \frac{6}{9} \quad \frac{2}{2} \quad \frac{6}{8} \quad \frac{1}{4} \quad \frac{4}{5} - \frac{2}{3}$$

Row 1: $\frac{3}{4}$ — $\frac{1}{2}$ | $\frac{8}{8}$ | $\frac{3}{3}$ — $\frac{7}{8}$ | $\frac{5}{9}$ | $\frac{2}{2}$ — $\frac{5}{9}$ | $\frac{5}{6}$ | $\frac{6}{6}$ — $\frac{1}{6}$ | $\frac{2}{4}$ | $\frac{3}{3}$ — $\frac{3}{4}$

Row 2: $\frac{1}{4}$ | $\frac{5}{8}$ | $\frac{8}{8}$ | $\frac{4}{9}$ | $\frac{1}{9}$ | $\frac{2}{9}$ | $\frac{1}{3}$ | $\frac{2}{6}$ | $\frac{1}{4}$

Row 3: $\frac{4}{5}$ — $\frac{1}{9}$ | $\frac{4}{8}$ | $\frac{5}{8}$ — $\frac{3}{6}$ | $\frac{1}{8}$ | $\frac{3}{3}$ | $\frac{5}{6}$ | $\frac{3}{3}$ | $\frac{8}{8}$ | $\frac{6}{9}$ | $\frac{4}{4}$ | $\frac{2}{2}$ | $\frac{2}{8}$

Row 4: $\frac{4}{9}$ | $\frac{2}{8}$ | $\frac{4}{8}$ | $\frac{6}{7}$ | $\frac{1}{6}$ | $\frac{2}{3}$ | $\frac{2}{5}$ | $\frac{18}{21}$ | $\frac{3}{4}$

Row 5: $\frac{6}{6}$ — $\frac{2}{9}$ | $\frac{3}{9}$ | $\frac{4}{5}$ | $\frac{1}{2}$ | $\frac{6}{7}$ | $\frac{6}{6}$ | $\frac{5}{7}$ | $\frac{1}{5}$ | $\frac{2}{2}$ | $\frac{3}{5}$ | $\frac{1}{21}$ | $\frac{5}{7}$ | $\frac{2}{3}$

Row 6: $\frac{7}{9}$ | $\frac{5}{6}$ | $\frac{7}{10}$ | $\frac{4}{7}$ | $\frac{3}{7}$ | $\frac{2}{7}$ | $\frac{3}{5}$ | $\frac{8}{21}$ | $\frac{11}{21}$

Row 7: 🏁 | $\frac{3}{7}$ | $\frac{8}{8}$ — $\frac{1}{6}$ | $\frac{1}{6}$ | $\frac{1}{2}$ | $\frac{1}{9}$ | $\frac{3}{28}$ | $\frac{3}{4}$ | $\frac{4}{7}$ | $\frac{17}{28}$ | $\frac{5}{9}$ | $\frac{2}{7}$

Row 8: $\frac{4}{5}$ | $\frac{2}{3}$ | $\frac{3}{6}$ | $\frac{2}{7}$ | $\frac{1}{3}$ | $\frac{5}{28}$ | $\frac{6}{28}$ | $\frac{20}{28}$ | $\frac{35}{63}$

Row 9: $\frac{9}{9}$ — $\frac{1}{3}$ | $\frac{3}{3}$ | $\frac{2}{2}$ | $\frac{3}{5}$ | $\frac{1}{3}$ | $\frac{3}{3}$ | $\frac{3}{9}$ | $\frac{3}{3}$ | $\frac{3}{3}$ | $\frac{6}{8}$ | $\frac{3}{6}$ | $\frac{1}{2}$ — $\frac{1}{3}$

Row 10: $\frac{1}{3}$ | $\frac{3}{12}$ | $\frac{2}{12}$ | $\frac{2}{3}$ | $\frac{1}{5}$ | $\frac{3}{3}$ | $\frac{4}{4}$ | $\frac{6}{6}$ | $\frac{4}{6}$

Row 11: $\frac{6}{6}$ — $\frac{2}{3}$ | $\frac{1}{12}$ | $\frac{5}{6}$ — $\frac{3}{4}$ | $\frac{3}{12}$ | $\frac{6}{6}$ | $\frac{1}{2}$ | $\frac{17}{45}$ | $\frac{8}{9}$ | $\frac{1}{5}$ | $\frac{2}{9}$ | $\frac{7}{7}$ | $\frac{8}{9}$

Time: 30   Score:

$$\frac{4}{6} - \frac{2}{7} \quad \frac{5}{10} \quad \frac{3}{5} - \frac{2}{4} \quad \frac{1}{10} \quad \frac{7}{8} - \frac{7}{9} \quad \frac{26}{72} \quad \frac{2}{2} - \frac{2}{4} \quad \frac{3}{3} \quad \frac{4}{4} - \frac{2}{3}$$

$$\frac{6}{6} \quad \frac{4}{6} \quad \frac{1}{3} \quad \frac{3}{10} \quad \frac{7}{72} \quad \frac{11}{20} \quad \frac{9}{20} \quad \frac{7}{8} \quad \frac{3}{8}$$

$$\frac{5}{5} - \frac{5}{6} \quad \frac{3}{6} \quad \frac{9}{9} - \frac{2}{3} \quad \frac{3}{3} \quad \frac{2}{5} \quad \frac{1}{4} \quad \frac{15}{20} \quad \frac{3}{5} \quad \frac{1}{4} \quad \frac{3}{8} \quad \frac{1}{2} - \frac{3}{8}$$

$$\frac{1}{5} \quad \frac{1}{6} \quad \frac{4}{5} \quad \frac{2}{5} \quad \frac{14}{20} \quad \frac{3}{20} \quad \frac{6}{24} \quad \frac{24}{24} \quad \frac{4}{4}$$

$$\frac{2}{2} - \frac{4}{5} \quad \frac{3}{5} \quad \frac{5}{5} - \frac{1}{5} \quad \frac{5}{6} \quad \frac{3}{8} \quad \frac{1}{9} \quad \frac{19}{24} \quad \frac{2}{3} \quad \frac{3}{8} \quad \frac{21}{24} \quad \frac{3}{3} - \frac{1}{4}$$

$$\frac{29}{42} \quad \frac{31}{42} \quad \frac{2}{6} \quad \frac{5}{7} \quad \frac{7}{9} \quad \frac{4}{24} \quad \frac{7}{24} \quad \frac{14}{24} \quad \frac{2}{4}$$

$$\frac{5}{6} - \frac{1}{7} \quad \frac{1}{6} \quad \frac{1}{2} - \frac{1}{3} \quad \frac{3}{6} \quad \frac{5}{5} - \frac{1}{9} \quad \frac{10}{45} \quad \frac{4}{9} - \frac{2}{5} \quad \frac{2}{45}$$

$$\frac{2}{42} \quad \frac{5}{28} \quad \frac{1}{28} \quad \frac{23}{28} \quad \frac{1}{7} \quad \frac{3}{4} \quad \frac{5}{45} \quad \frac{3}{4} \quad \frac{2}{3}$$

$$\frac{6}{6} - \frac{2}{3} \quad \frac{9}{28} \quad \frac{2}{7} - \frac{1}{4} \quad \frac{12}{28} \quad \frac{5}{5} - \frac{5}{7} \quad \frac{1}{4} \quad \frac{2}{4} - \frac{1}{4} \quad \frac{1}{3} \quad \frac{2}{2} - \frac{2}{3}$$

$$\frac{6}{8} \quad \frac{5}{8} \quad \frac{9}{28} \quad \frac{27}{28} \quad \frac{1}{3} \quad \frac{3}{3} \quad \frac{50}{56} \quad \frac{2}{8} \quad \frac{3}{8}$$

$$\frac{6}{8} - \frac{1}{8} \quad \frac{4}{9} \quad \frac{4}{4} \quad \frac{5}{9} \quad \frac{2}{3} \quad \frac{2}{2} - \frac{2}{6} \quad \frac{41}{56} \quad \frac{6}{7} - \frac{1}{8} \quad \frac{1}{8} \quad \frac{7}{8} - \frac{3}{4}$$

$$\frac{2}{2} - \frac{4}{5} \qquad \frac{4}{7} \qquad \frac{5}{7} - \frac{1}{7} \qquad \frac{26}{63} \qquad \frac{5}{9} - \frac{1}{7} \qquad \frac{27}{40} \qquad \frac{4}{5} - \frac{1}{8} \qquad \frac{34}{40} \qquad \frac{5}{5} -$$

$$\frac{1}{5} \qquad \frac{2}{7} \qquad \frac{2}{3} \qquad \frac{33}{40} \qquad \frac{36}{63} \qquad \frac{31}{40} \qquad \frac{3}{15} \qquad \frac{9}{28} \qquad \frac{4}{28}$$

🏁 $$\frac{3}{4} \qquad \frac{4}{4} \qquad \frac{1}{2} \qquad \frac{1}{2} \qquad \frac{7}{8} - \frac{3}{5} \qquad \frac{11}{40} \qquad \frac{2}{3} - \frac{1}{5} \qquad \frac{7}{15} \qquad \frac{4}{7}$$

$$\frac{44}{56} \qquad \frac{4}{5} \qquad \frac{2}{5} \qquad \frac{3}{5} \qquad \frac{34}{63} \qquad \frac{12}{40} \qquad \frac{12}{15} \qquad \frac{20}{28} \qquad \frac{12}{28}$$

$$\frac{3}{7} - \frac{3}{8} \qquad \frac{3}{5} \qquad \frac{2}{2} - \frac{3}{5} \qquad \frac{1}{63} \qquad \frac{4}{7} - \frac{5}{9} \qquad \frac{3}{63} \qquad \frac{2}{2} - \frac{1}{2} \qquad \frac{2}{2} \qquad \frac{5}{6} - \frac{5}{7}$$

$$\frac{4}{5} \qquad \frac{2}{5} \qquad \frac{5}{5} \qquad \frac{7}{24} \qquad \frac{1}{24} \qquad \frac{7}{24} \qquad \frac{6}{18} \qquad \frac{5}{9} \qquad \frac{3}{9}$$

$$\frac{2}{2} - \frac{4}{5} \qquad \frac{2}{5} \qquad \frac{2}{3} - \frac{3}{7} \qquad \frac{14}{24} \qquad \frac{2}{3} - \frac{5}{8} \qquad \frac{1}{18} \qquad \frac{5}{6} - \frac{7}{9} \qquad \frac{13}{18} \qquad \frac{2}{2} - \frac{7}{9}$$

$$\frac{1}{3} \qquad \frac{3}{5} \qquad \frac{2}{3} \qquad \frac{2}{24} \qquad \frac{6}{7} \qquad \frac{9}{24} \qquad \frac{7}{18} \qquad \frac{15}{18} \qquad \frac{17}{30}$$

$$\frac{4}{4} - \frac{2}{3} \qquad \frac{2}{2} \qquad \frac{2}{2} - \frac{1}{2} \qquad \frac{1}{2} \qquad \frac{3}{3} - \frac{4}{7} \qquad \frac{1}{7} \qquad \frac{4}{8} - \frac{1}{9} \qquad \frac{16}{18} \qquad \frac{5}{6} - \frac{4}{5}$$

$$\frac{11}{12} \qquad \frac{1}{12} \qquad \frac{7}{56} \qquad \frac{1}{4} \qquad \frac{3}{7} \qquad \frac{2}{3} \qquad \frac{4}{18} \qquad \frac{16}{18} \qquad \frac{1}{2}$$

$$\frac{3}{4} - \frac{2}{3} \qquad \frac{10}{12} \qquad \frac{3}{7} - \frac{3}{8} \qquad \frac{55}{56} \qquad \frac{3}{3} - \frac{1}{3} \qquad \frac{1}{3} \qquad \frac{3}{4} - \frac{4}{6} \qquad \frac{2}{12} \qquad \frac{5}{5} - \frac{4}{8}$$

3/3	1/8	3/4	2/4	1/4	37/72	8/9	3/8	3/5	2/2	2/5	1/5	5/5	2/4
13/28	2/4	1/4		3/4	6/6		1/6	5/5		2/5		6/8	
3/7	1/4	2/5	5/5	3/5	2/6	4/6	3/6	3/6	2/3	3/6	6/8	4/4	7/8
10/28	5/28		15/35		2/6	19/20		1/18	17/18		14/18		7/7
6/7	4/6	29/35	4/5	1/7	9/20	2/8	1/5	1/20	8/9	5/6	16/18	8/8	5/7
7/24		23/35	30/35		22/35	1/2		4/5	4/18		6/21		15/21
7/8	5/6	1/24	4/5	4/9	2/2	3/4	1/4	1/5	4/5	3/5	2/21	3/7	1/3
21/24	16/24		16/45		2/4	2/8		3/7	4/5		16/21		1/18
⚑	2/3	3/3	1/3	1/3	3/3	5/8	1/7	9/9	6/7	4/18	2/4	4/9
1/2	2/2	27/30		1/2	2/2		1/2	1/3		2/6		1/6
2/2	1/2	13/30	5/6	2/5	2/2	8/8	2/4	3/3	5/5	2/3	3/6	4/8	2/6

Time: _____   33   Score: _____

$$\frac{9}{9} - \frac{4}{8} \quad \frac{16}{24} \quad \frac{3}{8} - \frac{1}{3} \quad \frac{13}{24} \qquad \frac{2}{10} \quad \frac{3}{5} - \frac{1}{2} \quad \frac{2}{8} \quad \frac{5}{5} - \frac{8}{8}$$

$$\frac{2}{2} \qquad \frac{1}{2} \qquad \frac{6}{24} \qquad \frac{5}{10} \qquad \frac{1}{7} \qquad \frac{4}{4} \qquad \frac{2}{4} \qquad \frac{7}{8} \qquad \frac{6}{8}$$

$$\frac{7}{7} - \frac{4}{6} \quad \frac{5}{10} \quad \frac{2}{4} - \frac{2}{5} \quad \frac{7}{7} \quad \frac{9}{9} - \frac{6}{7} \quad \frac{2}{4} \quad \frac{7}{7} - \frac{3}{4} \quad \frac{4}{4} \quad \frac{4}{5} - \frac{3}{5}$$

$$\frac{2}{3} \qquad \frac{1}{10} \qquad \frac{7}{10} \qquad \frac{7}{14} \qquad \frac{5}{14} \qquad \frac{2}{4} \qquad \frac{1}{4} \qquad \frac{4}{18} \qquad \frac{10}{18}$$

$$\frac{5}{7} - \frac{1}{6} \quad \frac{5}{20} \quad \frac{3}{5} - \frac{2}{8} \quad \frac{4}{14} \quad \frac{6}{7} - \frac{2}{4} \quad \frac{2}{3} \quad \frac{3}{3} - \frac{4}{6} \quad \frac{1}{3} \quad \frac{8}{9} - \frac{1}{2}$$

$$\frac{4}{5} \qquad \frac{20}{42} \qquad \frac{7}{9} \qquad \frac{3}{9} \qquad \frac{2}{35} \qquad \frac{6}{7} \qquad \frac{7}{7} \qquad \frac{7}{18} \qquad \frac{2}{2}$$

$$\frac{7}{7} - \frac{4}{5} \quad \frac{1}{5} \quad \frac{5}{5} - \frac{8}{9} \quad \frac{1}{9} \quad \frac{6}{7} - \frac{4}{5} \quad \frac{1}{7} \quad \frac{2}{2} - \frac{5}{7} \quad \frac{2}{7} \quad \frac{3}{3} - \frac{1}{2}$$

$$\frac{17}{24} \qquad \frac{16}{24} \qquad \frac{8}{9} \qquad \frac{2}{9} \qquad \frac{4}{4} \qquad \frac{3}{7} \qquad \frac{3}{7} \qquad \frac{14}{35} \qquad \frac{1}{2}$$

$$\frac{5}{6} - \frac{1}{8} \quad \frac{7}{24} \quad \frac{5}{8} - \frac{3}{9} \quad \frac{1}{4} \quad \frac{2}{2} - \frac{3}{4} \quad \frac{1}{14} \quad \frac{4}{7} - \frac{1}{2} \quad \frac{20}{35} \quad \frac{3}{5} - \frac{4}{7}$$

$$\frac{2}{24} \qquad \frac{5}{24} \qquad \frac{14}{24} \qquad \frac{2}{4} \qquad \frac{3}{4} \qquad \frac{4}{4} \qquad \frac{5}{8} \qquad \frac{1}{35} \qquad \frac{17}{35}$$

$$\frac{5}{9} - \frac{3}{9} \quad \frac{3}{7} - \frac{2}{2} \quad \frac{5}{7} \quad \frac{33}{36} \quad \frac{4}{9} - \frac{1}{4} \quad \frac{8}{8} \quad \frac{4}{4} - \frac{3}{8} \quad \frac{1}{8} \quad \frac{3}{9} - \frac{1}{6}$$

Time: 34 Score:

🚗

$\frac{1}{2} - \frac{2}{5}$	$\frac{8}{10}$	$\frac{5}{5} - \frac{2}{8}$	$\frac{2}{6}$	$\frac{4}{6} - \frac{1}{2}$	$\frac{6}{6}$	$\frac{3}{7} - \frac{2}{9}$	$\frac{13}{63}$	$\frac{7}{9} - \frac{2}{6}$	
$\frac{1}{10}$	$\frac{4}{10}$	$\frac{5}{7}$	$\frac{2}{7}$	$\frac{3}{6}$	$\frac{1}{6}$	$\frac{2}{9}$	$\frac{3}{9}$	$\frac{4}{9}$	
$\frac{4}{6} - \frac{4}{9}$	$\frac{2}{9}$	$\frac{6}{7}$	$\frac{4}{7}$	$\frac{1}{7}$	$\frac{3}{7}$	$\frac{1}{3}$	$\frac{5}{9}$	$\frac{9}{9}$	$\frac{7}{9}$	$\frac{6}{9}$	$\frac{2}{3} - \frac{1}{3}$
$\frac{7}{9}$	$\frac{7}{7}$	$\frac{1}{7}$	$\frac{5}{7}$	$\frac{4}{21}$	$\frac{6}{9}$	$\frac{6}{9}$	$\frac{7}{9}$	$\frac{1}{3}$	
$\frac{2}{2} - \frac{3}{4}$	$\frac{4}{4}$	$\frac{8}{8}$	$\frac{1}{5}$	$\frac{5}{5}$	$\frac{2}{2}$	$\frac{1}{2}$	$\frac{1}{2}$	$\frac{3}{4}$	$\frac{1}{4}$	$\frac{10}{28}$	$\frac{3}{7} - \frac{1}{4}$
$\frac{4}{4}$	$\frac{2}{4}$	$\frac{5}{5}$	$\frac{2}{2}$	$\frac{1}{2}$	$\frac{3}{15}$	$\frac{11}{15}$	$\frac{5}{28}$	$\frac{23}{28}$	
$\frac{7}{7} - \frac{4}{5}$	$\frac{5}{5}$	$\frac{7}{8} - \frac{3}{5}$	$\frac{35}{40}$	$\frac{5}{6}$	$\frac{2}{5}$	$\frac{12}{15}$	$\frac{4}{5} - \frac{4}{6}$	$\frac{11}{15}$	$\frac{2}{2} - \frac{2}{7}$
$\frac{3}{5}$	$\frac{5}{40}$	$\frac{4}{18}$	$\frac{1}{6}$	$\frac{3}{6}$	$\frac{6}{15}$	$\frac{4}{15}$	$\frac{2}{15}$	$\frac{5}{5}$	
🏁	$\frac{5}{18}$	$\frac{1}{2} - \frac{2}{9}$	$\frac{1}{6}$	$\frac{4}{4} - \frac{1}{6}$	$\frac{7}{15}$	$\frac{6}{9}$	$\frac{1}{5}$	$\frac{3}{5}$	$\frac{8}{8} - \frac{1}{5}$
$\frac{5}{15}$	$\frac{2}{3}$	$\frac{1}{3}$	$\frac{5}{6}$	$\frac{4}{6}$	$\frac{2}{4}$	$\frac{3}{4}$	$\frac{1}{4}$	$\frac{4}{5}$	
$\frac{2}{3} - \frac{1}{5}$	$\frac{5}{15}$	$\frac{2}{2} - \frac{2}{3}$	$\frac{3}{3}$	$\frac{5}{8}$	$\frac{1}{5}$	$\frac{2}{4}$	$\frac{5}{5} - \frac{1}{4}$	$\frac{1}{3}$	$\frac{9}{9} - \frac{2}{3}$

Time:

35

Score:

$\frac{2}{2} - \frac{1}{5}$	$\frac{2}{4}$	$\frac{1}{2} - \frac{1}{4}$	$\frac{3}{4}$	$\frac{3}{4} - \frac{3}{5}$	$\frac{4}{15}$	$\frac{4}{6} - \frac{1}{5}$	$\frac{1}{8}$	$\frac{5}{8} - \frac{3}{6}$
$\frac{3}{8}$	$\frac{2}{4}$	$\frac{1}{12}$	$\frac{1}{4}$	$\frac{1}{3}$	$\frac{1}{3}$	$\frac{7}{15}$	$\frac{1}{7}$	$\frac{3}{7}$
$\frac{1}{4} - \frac{1}{8}$	$\frac{10}{12}$	$\frac{1}{4} - \frac{1}{6}$	$\frac{12}{12}$	$\frac{2}{2} - \frac{1}{3}$	$\frac{3}{3}$	🏁	$\frac{6}{7}$	$\frac{4}{4} - \frac{4}{7}$
$\frac{7}{7}$	$\frac{2}{4}$	$\frac{1}{4}$	$\frac{1}{5}$	$\frac{2}{3}$	$\frac{3}{3}$	$\frac{4}{4}$	$\frac{4}{4}$	$\frac{1}{10}$
$\frac{2}{2} - \frac{1}{7}$	$\frac{4}{4}$	$\frac{3}{4} - \frac{2}{4}$	$\frac{2}{4}$	$\frac{3}{4} - \frac{3}{5}$	$\frac{3}{20}$	$\frac{8}{8} - \frac{1}{4}$	$\frac{4}{4} - \frac{3}{5}$	$\frac{2}{4}$
$\frac{7}{9}$	$\frac{4}{4}$	$\frac{14}{24}$	$\frac{1}{3}$	$\frac{19}{20}$	$\frac{2}{4}$	$\frac{1}{4}$	$\frac{3}{4}$	$\frac{1}{12}$
$\frac{9}{9} - \frac{4}{9}$	$\frac{18}{24}$	$\frac{7}{8} - \frac{4}{6}$	$\frac{5}{24}$	$\frac{9}{9} - \frac{2}{3}$	$\frac{3}{3}$	$\frac{5}{7} - \frac{1}{3}$	$\frac{5}{12}$	$\frac{3}{4} - \frac{6}{9}$
$\frac{1}{6}$	$\frac{1}{9}$	$\frac{2}{9}$	$\frac{8}{9}$	$\frac{1}{4}$	$\frac{8}{35}$	$\frac{9}{35}$	$\frac{12}{12}$	$\frac{11}{12}$
$\frac{7}{7} - \frac{5}{6}$	$\frac{6}{9} - \frac{4}{6}$	$\frac{4}{9}$	$\frac{8}{9}$	$\frac{2}{2} - \frac{3}{4}$	$\frac{31}{35}$	$\frac{6}{7} - \frac{4}{5}$	$\frac{9}{9}$	$\frac{4}{6} - \frac{4}{9}$
$\frac{2}{4}$	$\frac{9}{9}$	$\frac{1}{9}$	$\frac{1}{8}$	$\frac{2}{8}$	$\frac{7}{8}$	$\frac{18}{45}$	$\frac{16}{18}$	$\frac{2}{18}$
$\frac{3}{4} - \frac{1}{2}$	$\frac{6}{36}$	$\frac{7}{9} - \frac{3}{4}$	$\frac{3}{8}$	$\frac{2}{2} - \frac{7}{8}$	$\frac{7}{45}$	$\frac{3}{5} - \frac{4}{9}$	$\frac{1}{18}$	$\frac{2}{4} - \frac{4}{9}$

Time: **36**   Score:

3/4 − 1/3   27/30   5/6   1/5   4/4   4/4   1/4   2/4   4/4 − 6/8   1/4   2/5 − 2/8

2/4   2/4   1/3   12/20   6/20   8/20   1/6   3/4   3/20

3/3 − 2/8   1/3   4/6   2/6   18/20   4/5 − 3/4   1/20   2/3 − 2/4   2/6

13/14   2/6   4/6   15/20   7/9   1/3   3/4   3/3   5/7

1/2 − 3/7   6/6   2/3   1/2   3/6   6/6   4/9   3/3   9/9   2/3   2/3   6/6   4/7

6/12   1/12   10/21   1/6   7/9   7/9   19/72   1/4   4/4

3/4 − 2/3   10/12   4/7   1/3   7/9   2/2   4/9   5/9   8/9 − 5/8   36/72   3/6 − 1/4

1/4   7/7   1/7   6/9   1/9   1/9   4/9   8/9   1/9

3/4 − 2/4   7/7   2/2   2/7   2/7   1/2 − 2/7   4/9   2/3 − 4/9   3/9 − 3/9   2/9

17/28   5/28   5/7   1/9   6/9   2/9   17/63   1/9   5/6

6/7 − 1/4   1/18   2/4   4/9   9/9   4/6   5/9   33/63   5/7 − 4/9   1/6   4/4 − 5/6

$\frac{3}{4} - \frac{3}{7}$ $\frac{3}{4} - \frac{7}{7}$ $\frac{3}{4} - \frac{7}{14}$ $\frac{6}{7} - \frac{1}{2}$ $\frac{5}{18} - \frac{7}{9}$ $\frac{2}{4} - \frac{1}{3}$ $\frac{4}{4} - \frac{6}{9}$

$\frac{16}{28}$ $\frac{20}{28}$ $\frac{1}{4}$ $\frac{12}{14}$ $\frac{6}{14}$ $\frac{5}{14}$ $\frac{10}{18}$ $\frac{15}{18}$ $\frac{3}{3}$

$\frac{2}{2} - \frac{4}{6}$ $\frac{2}{3} - \frac{2}{2}$ $\frac{2}{6} - \frac{37}{63}$ $\frac{7}{9} - \frac{3}{7}$ $\frac{3}{18} - \frac{8}{9}$ $\frac{2}{4} - \frac{7}{18}$ $\frac{5}{9} - \frac{1}{8}$

$\frac{3}{3}$ $\frac{1}{3}$ $\frac{3}{3}$ $\frac{11}{40}$ $\frac{20}{40}$ $\frac{11}{18}$ $\frac{14}{18}$ $\frac{10}{18}$ $\frac{31}{72}$

$\frac{2}{8} - \frac{3}{4} - \frac{3}{8} - \frac{19}{40} - \frac{5}{8} - \frac{3}{5} - \frac{17}{40} - \frac{6}{8} - \frac{5}{7} - \frac{3}{6} - \frac{6}{6} - \frac{5}{6}$

$\frac{7}{12}$ $\frac{3}{3}$ $\frac{3}{3}$ $\frac{1}{40}$ $\frac{13}{24}$ $\frac{15}{24}$ $\frac{7}{24}$ $\frac{1}{6}$ $\frac{2}{6}$

$\frac{6}{8} - \frac{1}{6}$ $\frac{2}{3} - \frac{2}{2} - \frac{4}{6}$ $\frac{5}{24} - \frac{7}{8} - \frac{1}{3}$ $\frac{1}{24} - \frac{4}{6} - \frac{5}{8}$ $\frac{23}{24} - \frac{5}{9} - \frac{3}{8}$

$\frac{1}{6}$ $\frac{2}{3}$ $\frac{2}{3}$ $\frac{1}{3}$ $\frac{9}{24}$ $\frac{19}{24}$ $\frac{20}{24}$ $\frac{3}{24}$ $\frac{29}{72}$

$\frac{2}{4} - \frac{1}{3}$ $\frac{5}{6} - \frac{3}{9} - \frac{1}{8}$ $\frac{3}{7} - \frac{2}{2} - \frac{3}{7}$ $\frac{1}{7} - \frac{6}{7} - \frac{2}{3}$ $\frac{4}{5} - \frac{3}{3} - \frac{4}{5}$

$\frac{1}{4}$ $\frac{3}{36}$ $\frac{17}{36}$ $\frac{8}{36}$ $\frac{2}{7}$ $\frac{4}{7}$ $\frac{8}{8}$ $\frac{5}{8}$ $\frac{1}{5}$

$\frac{3}{3} - \frac{3}{4}$ $\frac{19}{36} - \frac{3}{4} - \frac{2}{9}$ $\frac{1}{6} - \frac{8}{8} - \frac{5}{8}$ $\frac{3}{8} - \frac{5}{8} - \frac{2}{8}$ $\frac{7}{8} - \frac{8}{8} - \frac{5}{6}$

Row 1: $\dfrac{1}{3} \cdot \dfrac{2}{9}$ $\dfrac{7}{9}$ $\dfrac{1}{2}$ $\dfrac{1}{9}$ $\dfrac{1}{4}$ $\dfrac{2}{2} \cdot \dfrac{1}{4}$ $\dfrac{3}{4}$ $\dfrac{4}{5} \cdot \dfrac{1}{3}$ $\dfrac{7}{15}$ $\dfrac{2}{2} \cdot \dfrac{6}{9}$

Row 2: $\dfrac{1}{9}$ $\dfrac{4}{9}$ $\dfrac{2}{15}$ $\dfrac{4}{15}$ $\dfrac{2}{10}$ $\dfrac{4}{4}$ $\dfrac{14}{15}$ $\dfrac{2}{3}$ $\dfrac{1}{3}$

Row 3: $\dfrac{7}{8} \cdot \dfrac{1}{5}$ $\dfrac{19}{40}$ $\dfrac{3}{5}$ $\dfrac{1}{3}$ $\dfrac{1}{10}$ $\dfrac{1}{2}$ $\dfrac{2}{5}$ $\dfrac{5}{10}$ $\dfrac{5}{5}$ $\dfrac{5}{7}$ $\dfrac{4}{5}$ $\dfrac{6}{6}$ $\dfrac{2}{5}$

Row 4: $\dfrac{27}{40}$ $\dfrac{14}{15}$ $\dfrac{34}{63}$ $\dfrac{8}{15}$ $\dfrac{2}{3}$ $\dfrac{7}{7}$ $\dfrac{6}{7}$ $\dfrac{5}{6}$ $\dfrac{3}{5}$

Row 5: $\dfrac{3}{8} \cdot \dfrac{1}{4}$ $\dfrac{1}{8}$ $\dfrac{7}{9}$ $\dfrac{5}{7}$ $\dfrac{4}{63}$ $\dfrac{8}{9}$ $\dfrac{2}{9}$ $\dfrac{1}{3}$ $\dfrac{6}{9}$ $\dfrac{2}{8}$ $\dfrac{6}{6}$ $\dfrac{1}{2} \cdot \dfrac{1}{3}$

Row 6: $\dfrac{8}{8}$ $\dfrac{7}{8}$ $\dfrac{7}{63}$ $\dfrac{3}{3}$ $\dfrac{2}{5}$ $\dfrac{2}{4}$ $\dfrac{4}{12}$ $\dfrac{1}{6}$ $\dfrac{3}{6}$

Row 7: $\dfrac{7}{8} \cdot \dfrac{2}{7}$ $\dfrac{47}{56}$ 🏁 $\dfrac{1}{2} \cdot \dfrac{2}{2}$ $\dfrac{2}{4}$ $\dfrac{1}{2}$ $\dfrac{3}{3} \cdot \dfrac{1}{3}$ $\dfrac{3}{3}$ $\dfrac{6}{6} \cdot \dfrac{7}{8}$

Row 8: $\dfrac{32}{56}$ $\dfrac{20}{21}$ $\dfrac{2}{4}$ $\dfrac{11}{18}$ $\dfrac{4}{18}$ $\dfrac{10}{18}$ $\dfrac{3}{4}$ $\dfrac{2}{3}$ $\dfrac{4}{20}$

Row 9: $\dfrac{3}{7} \cdot \dfrac{2}{6}$ $\dfrac{1}{21}$ $\dfrac{4}{4}$ $\dfrac{3}{4}$ $\dfrac{13}{18}$ $\dfrac{5}{6} \cdot \dfrac{2}{9}$ $\dfrac{2}{18}$ $\dfrac{7}{8}$ $\dfrac{1}{7}$ $\dfrac{18}{20}$ $\dfrac{2}{5} \cdot \dfrac{1}{4}$

Row 10: $\dfrac{15}{21}$ $\dfrac{8}{21}$ $\dfrac{4}{4}$ $\dfrac{3}{18}$ $\dfrac{9}{18}$ $\dfrac{2}{3}$ $\dfrac{33}{56}$ $\dfrac{5}{20}$ $\dfrac{3}{20}$

Row 11: $\dfrac{5}{6} \cdot \dfrac{1}{6}$ $\dfrac{3}{3}$ $\dfrac{3}{3}$ $\dfrac{1}{2}$ $\dfrac{2}{2}$ $\dfrac{4}{4}$ $\dfrac{2}{3}$ $\dfrac{3}{3}$ $\dfrac{2}{2}$ $\dfrac{2}{6}$ $\dfrac{3}{4}$ $\dfrac{9}{9} \cdot \dfrac{2}{8}$

$\dfrac{2}{3} - \dfrac{4}{8}$ $\dfrac{1}{6}$ $\dfrac{6}{8} - \dfrac{2}{3}$ $\dfrac{1}{12}$ $\dfrac{7}{7}$ $\dfrac{3}{5}$ $\dfrac{2}{5}$ $\dfrac{7}{9} - \dfrac{2}{3}$ $\dfrac{2}{9}$

$\dfrac{1}{3}$ $\dfrac{3}{3}$ $\dfrac{11}{12}$ $\dfrac{10}{12}$ $\dfrac{3}{5}$ $\dfrac{1}{9}$ $\dfrac{6}{9}$ $\dfrac{8}{9}$ $\dfrac{6}{7}$

$\dfrac{2}{3} - \dfrac{2}{6}$ $\dfrac{3}{3} - \dfrac{3}{3}$ $\dfrac{5}{8}$ $\dfrac{7}{8}$ $\dfrac{7}{8} - \dfrac{4}{8}$ $\dfrac{4}{8}$ $\dfrac{2}{3}$ $\dfrac{3}{9}$ $\dfrac{1}{3}$ $\dfrac{4}{4} - \dfrac{1}{7}$

$\dfrac{2}{3}$ $\dfrac{2}{9}$ $\dfrac{1}{9}$ $\dfrac{7}{8}$ $\dfrac{1}{8}$ $\dfrac{3}{8}$ $\dfrac{4}{9}$ $\dfrac{8}{9}$ $\dfrac{3}{7}$

$\dfrac{5}{5} - \dfrac{5}{6}$ $\dfrac{8}{9}$ $\dfrac{1}{3} - \dfrac{1}{9}$ $\dfrac{3}{9}$ $\dfrac{2}{2} - \dfrac{1}{2}$ $\dfrac{5}{9}$ $\dfrac{2}{3} - \dfrac{2}{9}$ $\dfrac{2}{9}$ $\dfrac{8}{9} - \dfrac{1}{6}$

$\dfrac{2}{12}$ $\dfrac{12}{12}$ $\dfrac{67}{72}$ $\dfrac{3}{14}$ $\dfrac{13}{14}$ $\dfrac{4}{14}$ $\dfrac{2}{3}$ $\dfrac{1}{9}$ $\dfrac{2}{12}$

$\dfrac{1}{3} - \dfrac{1}{4}$ $\dfrac{1}{12}$ $\dfrac{5}{8} - \dfrac{4}{9}$ $\dfrac{13}{72}$ $\dfrac{1}{2} - \dfrac{2}{7}$ $\dfrac{4}{14}$ $\dfrac{4}{6} - \dfrac{1}{3}$ $\dfrac{1}{3}$ $\dfrac{3}{4} - \dfrac{4}{6}$

$\dfrac{6}{12}$ $\dfrac{1}{28}$ $\dfrac{14}{28}$ $\dfrac{19}{28}$ $\dfrac{5}{14}$ $\dfrac{10}{14}$ $\dfrac{3}{5}$ $\dfrac{1}{5}$ $\dfrac{8}{14}$

$\dfrac{7}{8} - \dfrac{2}{6}$ $\dfrac{9}{28}$ $\dfrac{2}{7} - \dfrac{1}{4}$ $\dfrac{12}{28}$ $\dfrac{7}{7} - \dfrac{2}{7}$ $\dfrac{5}{7}$ $\dfrac{4}{4} - \dfrac{4}{5}$ $\dfrac{2}{5}$ $\dfrac{2}{4} - \dfrac{1}{7}$

$\dfrac{7}{7}$ $\dfrac{5}{7}$ $\dfrac{3}{7}$ $\dfrac{3}{4}$ $\dfrac{4}{4}$ $\dfrac{1}{5}$ $\dfrac{1}{6}$ $\dfrac{10}{20}$ $\dfrac{11}{20}$

$\dfrac{7}{7} - \dfrac{6}{7}$ $\dfrac{1}{7}$ $\dfrac{5}{5} - \dfrac{3}{7}$ $\dfrac{4}{7}$ $\dfrac{8}{8} - \dfrac{1}{4}$ $\dfrac{1}{4}$ $\dfrac{3}{3} - \dfrac{1}{6}$ $\dfrac{6}{6}$ $\dfrac{2}{5} - \dfrac{1}{4}$

Time:

40

Score:

$$\frac{4}{7} - \frac{2}{8} \quad \frac{9}{28} \quad \frac{8}{8} - \frac{7}{9} \quad \frac{2}{9} \quad \frac{3}{4} \quad \frac{1}{4} \quad \frac{1}{2} \quad \text{🏁} \quad \frac{3}{4} \quad \frac{6}{8} - \frac{2}{4}$$

$$\frac{11}{20} \quad \frac{13}{20} \quad \frac{1}{9} \quad \frac{7}{10} \quad \frac{2}{10} \quad \frac{10}{10} \quad \frac{1}{12} \quad \frac{6}{6} \quad \frac{1}{6}$$

$$\frac{3}{4} - \frac{1}{5} \quad \frac{14}{20} \quad \frac{3}{9} \quad \frac{2}{9} \quad \frac{4}{10} \quad \frac{2}{4} \quad \frac{1}{5} \quad \frac{8}{10} \quad \frac{3}{4} \quad \frac{2}{3} \quad \frac{2}{12} \quad \frac{5}{5} - \frac{5}{6}$$

$$\frac{17}{20} \quad \frac{1}{6} \quad \frac{2}{6} \quad \frac{3}{10} \quad \frac{9}{28} \quad \frac{5}{7} \quad \frac{5}{7} \quad \frac{3}{7} \quad \frac{1}{3}$$

$$\frac{2}{2} - \frac{4}{8} \quad \frac{5}{6} \quad \frac{3}{3} - \frac{5}{6} \quad \frac{13}{28} \quad \frac{4}{7} \quad \frac{1}{4} \quad \frac{5}{7} \quad \frac{3}{3} \quad \frac{5}{7} \quad \frac{2}{3} \quad \frac{2}{2} \quad \frac{1}{3}$$

$$\frac{11}{14} \quad \frac{3}{6} \quad \frac{3}{3} \quad \frac{2}{5} \quad \frac{1}{5} \quad \frac{2}{7} \quad \frac{1}{7} \quad \frac{1}{7} \quad \frac{1}{2}$$

$$\frac{5}{7} - \frac{2}{4} \quad \frac{10}{14} \quad \frac{5}{6} - \frac{3}{6} \quad \frac{5}{5} \quad \frac{2}{2} \quad \frac{4}{5} \quad \frac{2}{5} \quad \frac{3}{7} \quad \frac{2}{5} \quad \frac{2}{2} \quad \frac{4}{4} - \frac{1}{2}$$

$$\frac{3}{9} \quad \frac{1}{4} \quad \frac{2}{4} \quad \frac{4}{4} \quad \frac{3}{7} \quad \frac{2}{4} \quad \frac{4}{4} \quad \frac{1}{4} \quad \frac{1}{3}$$

$$\frac{2}{6} - \frac{2}{9} \quad \frac{3}{9} \quad \frac{7}{8} \quad \frac{1}{8} \quad \frac{1}{4} \quad \frac{2}{2} \quad \frac{3}{7} \quad \frac{6}{7} \quad \frac{3}{4} \quad \frac{2}{4} \quad \frac{3}{4} \quad \frac{4}{4} \quad \frac{1}{3}$$

$$\frac{26}{30} \quad \frac{25}{30} \quad \frac{1}{10} \quad \frac{3}{4} \quad \frac{5}{24} \quad \frac{23}{24} \quad \frac{1}{21} \quad \frac{3}{4} \quad \frac{1}{12}$$

$$\frac{4}{5} - \frac{1}{6} \quad \frac{19}{30} \quad \frac{2}{4} \quad \frac{2}{5} \quad \frac{6}{10} \quad \frac{6}{9} - \frac{1}{8} \quad \frac{13}{24} \quad \frac{1}{3} \quad \frac{2}{7} \quad \frac{17}{21} \quad \frac{6}{9} - \frac{1}{4}$$

$\frac{3}{3}$ - $\frac{2}{3}$	$\frac{1}{3}$	$\frac{3}{6}$ - $\frac{1}{3}$	$\frac{1}{6}$	$\frac{2}{2}$ - $\frac{1}{7}$	$\frac{7}{7}$	$\frac{4}{8}$ - $\frac{3}{8}$	$\frac{3}{8}$	$\frac{3}{3}$ - $\frac{3}{4}$
$\frac{2}{3}$	$\frac{3}{3}$	$\frac{3}{6}$	$\frac{2}{7}$	$\frac{4}{7}$	$\frac{6}{7}$	$\frac{19}{20}$	$\frac{4}{20}$	$\frac{4}{7}$
$\frac{3}{3}$ - $\frac{1}{7}$	$\frac{1}{7}$	$\frac{6}{6}$	$\frac{1}{2}$	$\frac{1}{2}$	$\frac{3}{5}$ - $\frac{5}{9}$	$\frac{4}{20}$	$\frac{3}{4}$ - $\frac{2}{5}$	$\frac{7}{20}$	$\frac{2}{2}$	$\frac{2}{7}$
$\frac{5}{7}$	$\frac{1}{2}$	$\frac{1}{2}$	$\frac{44}{56}$	$\frac{25}{56}$	$\frac{4}{20}$	$\frac{12}{20}$	$\frac{9}{20}$	$\frac{5}{7}$
$\frac{6}{8}$ - $\frac{2}{5}$	$\frac{2}{2}$	$\frac{2}{2}$	$\frac{1}{2}$	$\frac{27}{56}$	$\frac{5}{8}$ - $\frac{1}{7}$	$\frac{46}{56}$	$\frac{6}{8}$ - $\frac{1}{3}$	$\frac{13}{14}$	$\frac{6}{7}$ - $\frac{1}{2}$
$\frac{1}{20}$	$\frac{2}{6}$	$\frac{1}{2}$	$\frac{8}{56}$	$\frac{1}{4}$	$\frac{6}{7}$	$\frac{6}{7}$	$\frac{6}{14}$	$\frac{5}{14}$
$\frac{8}{9}$ - $\frac{3}{4}$	$\frac{2}{6}$	$\frac{4}{6}$	$\frac{1}{2}$	$\frac{3}{4}$	$\frac{1}{2}$	$\frac{1}{4}$	$\frac{4}{7}$	$\frac{2}{2}$	$\frac{6}{7}$	$\frac{5}{7}$	$\frac{3}{3}$ - $\frac{2}{7}$
$\frac{13}{20}$	$\frac{1}{6}$	$\frac{4}{6}$	$\frac{1}{21}$	$\frac{4}{21}$	$\frac{1}{7}$	$\frac{3}{7}$	$\frac{7}{7}$	$\frac{1}{7}$
$\frac{2}{5}$ - $\frac{2}{8}$	$\frac{15}{20}$	$\frac{6}{7}$	$\frac{1}{7}$	$\frac{15}{21}$	$\frac{2}{6}$ - $\frac{1}{7}$	$\frac{8}{21}$	$\frac{6}{6}$	$\frac{3}{8}$	$\frac{2}{8}$	$\frac{2}{3}$ - $\frac{1}{5}$
$\frac{3}{20}$	$\frac{4}{20}$	$\frac{2}{2}$	$\frac{14}{21}$	$\frac{19}{21}$	$\frac{9}{21}$	$\frac{3}{8}$	$\frac{15}{15}$	$\frac{8}{15}$
$\frac{6}{7}$ - $\frac{4}{6}$	$\frac{4}{21}$	$\frac{5}{6}$ - $\frac{1}{3}$	$\frac{1}{2}$	$\frac{6}{8}$	$\frac{2}{5}$	$\frac{7}{20}$		$\frac{21}{28}$	$\frac{3}{4}$ - $\frac{3}{7}$

Time: 42   Score:

Time:

Score:

$\dfrac{2}{4}$ $\dfrac{8}{8}$ $-$ $\dfrac{1}{4}$ $\dfrac{1}{4}$ $\dfrac{4}{5}$ $-$ $\dfrac{3}{5}$ $\dfrac{7}{30}$ $\dfrac{1}{5}$ $-$ $\dfrac{1}{6}$ $\dfrac{5}{14}$ $\dfrac{5}{7}$ $-$ $\dfrac{1}{2}$

$\dfrac{1}{20}$ $\dfrac{2}{4}$ $\dfrac{3}{4}$ $\dfrac{4}{7}$ $\dfrac{1}{7}$ $\dfrac{5}{7}$ $\dfrac{2}{8}$ $\dfrac{7}{15}$ $\dfrac{12}{15}$

$\dfrac{2}{8}$ $-$ $\dfrac{1}{5}$ $\dfrac{1}{28}$ $\dfrac{2}{7}$ $\dfrac{2}{8}$ $\dfrac{6}{7}$ $\dfrac{5}{5}$ $-$ $\dfrac{3}{7}$ $\dfrac{6}{8}$ $\dfrac{3}{8}$ $\dfrac{1}{4}$ $\dfrac{2}{15}$ $\dfrac{4}{5}$ $-$ $\dfrac{1}{3}$

$\dfrac{8}{20}$ $\dfrac{13}{45}$ $\dfrac{26}{45}$ $\dfrac{19}{45}$ $\dfrac{1}{15}$ $\dfrac{3}{4}$ $\dfrac{2}{4}$ $\dfrac{3}{4}$ $\dfrac{1}{2}$

$\dfrac{1}{2}$ $-$ $\dfrac{3}{8}$ $\dfrac{31}{45}$ $\dfrac{5}{9}$ $\dfrac{2}{5}$ $\dfrac{41}{45}$ $\dfrac{6}{9}$ $\dfrac{3}{5}$ $\dfrac{1}{4}$ $\dfrac{3}{3}$ $\dfrac{6}{8}$ $\dfrac{3}{4}$ $\dfrac{3}{3}$ $\dfrac{4}{8}$

$\dfrac{1}{8}$ $\dfrac{3}{8}$ $\dfrac{7}{45}$ $\dfrac{27}{45}$ $\dfrac{13}{18}$ $\dfrac{7}{18}$ $\dfrac{4}{4}$ $\dfrac{2}{4}$ $\dfrac{5}{5}$

$\dfrac{7}{8}$ $-$ $\dfrac{2}{4}$ $\dfrac{5}{8}$ $\dfrac{6}{6}$ $-$ $\dfrac{2}{3}$ $\dfrac{1}{3}$ $\dfrac{8}{9}$ $\dfrac{1}{2}$ $\dfrac{11}{18}$ $\dfrac{3}{6}$ $\dfrac{3}{9}$ $\dfrac{4}{5}$ $\dfrac{2}{2}$ $-$ $\dfrac{4}{5}$

$\dfrac{5}{12}$ $\dfrac{11}{20}$ $\dfrac{6}{20}$ $\dfrac{6}{20}$ $\dfrac{8}{9}$ $\dfrac{2}{8}$ $\dfrac{8}{8}$ $\dfrac{7}{8}$ $\dfrac{1}{2}$

$\dfrac{3}{4}$ $-$ $\dfrac{1}{3}$ $\dfrac{4}{20}$ $\dfrac{3}{5}$ $\dfrac{2}{8}$ $\dfrac{1}{20}$ $\dfrac{5}{9}$ $\dfrac{4}{9}$ $\dfrac{7}{8}$ $\dfrac{5}{8}$ $\dfrac{1}{2}$ $\dfrac{3}{8}$ $\dfrac{8}{8}$ $-$ $\dfrac{1}{2}$

$\dfrac{2}{9}$ $\dfrac{19}{20}$ $\dfrac{7}{20}$ $\dfrac{2}{35}$ $\dfrac{20}{35}$ $\dfrac{1}{8}$ $\dfrac{7}{8}$ $\dfrac{23}{36}$ $\dfrac{10}{36}$

$\dfrac{4}{4}$ $-$ $\dfrac{7}{9}$ $\dfrac{5}{18}$ $\dfrac{7}{9}$ $\dfrac{4}{8}$ $\dfrac{11}{35}$ $\dfrac{1}{5}$ $-$ $\dfrac{1}{7}$ $\dfrac{23}{35}$ $\dfrac{5}{5}$ $-$ $\dfrac{2}{3}$ $\dfrac{5}{36}$ $\dfrac{8}{9}$ $-$ $\dfrac{2}{8}$

| $\frac{3}{3}$ | $-$ | $\frac{1}{2}$ | $\frac{6}{12}$ | $\frac{5}{6}$ | $-$ | $\frac{6}{8}$ | $\frac{3}{12}$ | $\frac{5}{5}$ | $-$ | $\frac{4}{7}$ | $\frac{3}{7}$ | $\frac{2}{2}$ | $-$ | $\frac{5}{8}$ | $\frac{8}{8}$ | $\frac{5}{7}$ | $\frac{1}{3}$ |

| $\frac{19}{24}$ | $\frac{21}{24}$ | $\frac{1}{5}$ | $\frac{1}{12}$ | $\frac{8}{9}$ | $\frac{8}{8}$ | $\frac{5}{8}$ | $\frac{3}{8}$ | $\frac{1}{3}$ |

| $\frac{2}{3}$ | $-$ | $\frac{1}{8}$ | $\frac{13}{24}$ | $\frac{3}{3}$ | $-$ | $\frac{4}{5}$ | $\frac{3}{5}$ | $\frac{2}{2}$ | $-$ | $\frac{1}{9}$ | $\frac{2}{9}$ | $\frac{6}{7}$ | $\frac{2}{3}$ | $\frac{2}{3}$ | $\frac{8}{9}$ | $\frac{2}{9}$ |

| $\frac{2}{24}$ | $\frac{11}{20}$ | $\frac{7}{20}$ | $\frac{15}{20}$ | $\frac{6}{9}$ | $\frac{1}{9}$ | $\frac{4}{21}$ | $\frac{3}{5}$ | $\frac{3}{3}$ |

| $\frac{3}{5}$ | $-$ | $\frac{1}{3}$ | $\frac{8}{20}$ | $\frac{6}{8}$ | $-$ | $\frac{1}{5}$ | $\frac{19}{20}$ | $\frac{9}{9}$ | $-$ | $\frac{3}{7}$ | $\frac{1}{5}$ | $\frac{7}{7}$ | $\frac{4}{5}$ | $\frac{4}{5}$ | $\frac{3}{4}$ | $\frac{2}{3}$ |

| $\frac{2}{4}$ | $\frac{1}{4}$ | $\frac{6}{20}$ | $\frac{1}{20}$ | $\frac{4}{7}$ | $\frac{4}{5}$ | $\frac{2}{5}$ | $\frac{4}{5}$ | $\frac{1}{6}$ |

| $\frac{3}{6}$ | $-$ | $\frac{1}{4}$ | $\frac{4}{4}$ | $\frac{3}{5}$ | $-$ | $\frac{2}{9}$ | $\frac{1}{36}$ | $\frac{5}{9}$ | $-$ | $\frac{1}{4}$ | $\frac{33}{36}$ | $\frac{3}{3}$ | $\frac{3}{6}$ | $\frac{1}{2}$ | $\frac{6}{6}$ | $\frac{5}{6}$ |

| $\frac{1}{3}$ | $\frac{1}{18}$ | $\frac{4}{18}$ | $\frac{11}{36}$ | $\frac{28}{36}$ | $\frac{22}{36}$ | $\frac{2}{2}$ | $\frac{4}{6}$ | $\frac{2}{3}$ |

| $\frac{5}{5}$ | $-$ | $\frac{6}{9}$ | $\frac{2}{3}$ | $\frac{2}{4}$ | $-$ | $\frac{1}{9}$ | $\frac{1}{18}$ | $\frac{5}{6}$ | $-$ | $\frac{3}{5}$ | $\frac{27}{30}$ | 🏁 | $\frac{1}{3}$ | $\frac{7}{7}$ | $-$ | $\frac{2}{3}$ |

| $\frac{1}{6}$ | $\frac{2}{6}$ | $\frac{5}{18}$ | $\frac{7}{18}$ | $\frac{7}{7}$ | $\frac{4}{7}$ | $\frac{1}{9}$ | $\frac{2}{3}$ | $\frac{1}{3}$ |

| $\frac{4}{6}$ | $-$ | $\frac{2}{4}$ | $\frac{6}{6}$ | $\frac{4}{4}$ | $-$ | $\frac{6}{8}$ | $\frac{2}{7}$ | $\frac{2}{2}$ | $-$ | $\frac{3}{7}$ | $\frac{6}{7}$ | $\frac{2}{6}$ | $\frac{2}{9}$ | $\frac{1}{9}$ | $\frac{2}{2}$ | $\frac{1}{3}$ |

Time: 44   Score:

Fraction maze puzzle

Row 1: $\frac{4}{4} - \frac{3}{7}$ — $\frac{4}{7}$ — $\frac{2}{4} - \frac{1}{4}$ — $\frac{3}{4}$ — $\frac{2}{2} - \frac{6}{8}$ — $\frac{3}{4}$ — $\frac{2}{5} - \frac{3}{9}$ — $\frac{5}{15}$ — $\frac{2}{5} - \frac{3}{9}$

Row 2: $\frac{5}{7}$ — $\frac{18}{21}$ — $\frac{1}{4}$ — $\frac{4}{5}$ — $\frac{4}{4}$ — $\frac{17}{18}$ — $\frac{9}{18}$ — $\frac{7}{18}$ — $\frac{2}{2}$

Row 3: $\frac{2}{7} - \frac{1}{4}$ — $\frac{17}{28}$ — $\frac{5}{5} - \frac{2}{3}$ — $\frac{2}{3}$ — $\frac{2}{2} - \frac{7}{8}$ — $\frac{7}{18}$ — $\frac{5}{9} - \frac{4}{8}$ — $\frac{1}{18}$ — $\frac{3}{3} - \frac{1}{2}$

Row 4: $\frac{16}{28}$ — $\frac{4}{5}$ — $\frac{1}{3}$ — $\frac{3}{5}$ — $\frac{22}{24}$ — $\frac{17}{24}$ — $\frac{3}{8}$ — $\frac{5}{18}$ — $\frac{1}{2}$

Row 5: $\frac{6}{7} - \frac{2}{4}$ — $\frac{7}{9} - \frac{1}{3}$ — $\frac{2}{9} - \frac{1}{9}$ — $\frac{2}{3} - \frac{5}{8}$ — $\frac{1}{24}$ — $\frac{7}{8} - \frac{1}{2}$ — $\frac{1}{8}$ — $\frac{5}{9} - \frac{1}{7}$

Row 6: $\frac{4}{14}$ — $\frac{7}{14}$ — $\frac{2}{9}$ — $\frac{23}{24}$ — $\frac{14}{24}$ — $\frac{2}{5}$ — $\frac{2}{9}$ — $\frac{26}{63}$ — $\frac{41}{63}$

Row 7: $\frac{4}{5} - \frac{3}{7}$ — $\frac{8}{35}$ — $\frac{2}{4} - \frac{3}{7}$ — $\frac{12}{14}$ — $\frac{3}{8} - \frac{2}{9}$ — $\frac{2}{5}$ — $\frac{9}{9} - \frac{1}{5}$ — $\frac{3}{5}$ — $\frac{7}{7} - \frac{4}{6}$

Row 8: $\frac{3}{5}$ — $\frac{2}{3}$ — $\frac{3}{14}$ — $\frac{29}{56}$ — $\frac{45}{56}$ — $\frac{28}{40}$ — $\frac{1}{5}$ — $\frac{4}{5}$ — $\frac{12}{12}$

Row 9: $\frac{2}{3} - \frac{1}{3}$ — $\frac{2}{3} - \frac{5}{5}$ — $\frac{2}{9}$ — $\frac{37}{56}$ — $\frac{6}{7} - \frac{5}{8}$ — $\frac{38}{56}$ — $\frac{3}{3} - \frac{4}{5}$ — $\frac{7}{12}$ — $\frac{5}{6} - \frac{1}{4}$

Row 10: $\frac{1}{3}$ — $\frac{3}{10}$ — $\frac{2}{10}$ — $\frac{8}{15}$ — $\frac{13}{56}$ — $\frac{1}{15}$ — $\frac{1}{5}$ — $\frac{10}{15}$ — $\frac{6}{12}$

Row 11: $\frac{9}{10}$ — $\frac{2}{4} - \frac{1}{5}$ — $\frac{1}{4}$ — $\frac{6}{6} - \frac{3}{4}$ — $\frac{14}{15}$ — $\frac{2}{5} - \frac{2}{6}$ — $\frac{2}{15}$ — $\frac{4}{5} - \frac{1}{3}$

$$\frac{4}{4} - \frac{2}{4} \quad \frac{1}{3} \quad \frac{4}{4} - \frac{1}{2} \quad \frac{2}{3} \quad \frac{4}{4} \quad \frac{7}{9} \quad \frac{2}{9} \quad \frac{4}{5} - \frac{1}{9} \quad \frac{10}{45} \quad \frac{3}{3} \quad \frac{1}{2}$$

$$\frac{1}{9} \quad \frac{8}{9} \quad \frac{1}{4} \quad \frac{1}{2} \quad \frac{15}{20} \quad \frac{19}{20} \quad \frac{2}{4} \quad \frac{16}{36} \quad \frac{19}{36}$$

$$\frac{2}{3} - \frac{1}{9} \quad \frac{5}{9} \quad \frac{2}{4} - \frac{1}{4} \quad \frac{18}{20} \quad \frac{3}{5} - \frac{1}{4} \quad \frac{12}{20} \quad \frac{3}{3} \quad \frac{3}{4} \quad \frac{2}{4} \quad \frac{5}{9} \quad \frac{2}{8}$$

$$\frac{1}{2} \quad \frac{7}{8} \quad \frac{7}{8} \quad \frac{6}{8} \quad \frac{6}{20} \quad \frac{7}{20} \quad \frac{8}{8} \quad \frac{3}{8} \quad \frac{31}{35}$$

$$\frac{2}{2} - \frac{1}{2} \quad \frac{1}{8} \quad \frac{2}{2} - \frac{7}{8} \quad \frac{1}{2} \quad \frac{3}{3} \quad \frac{2}{4} \quad \frac{2}{2} \quad \frac{1}{2} \quad \frac{3}{8} \quad \frac{1}{8} \quad \frac{3}{5} \quad \frac{2}{7}$$

$$\frac{2}{2} \quad \frac{3}{8} \quad \frac{6}{8} \quad \frac{5}{9} \quad \frac{2}{9} \quad \frac{8}{8} \quad \frac{3}{8} \quad \frac{7}{8} \quad \frac{11}{35}$$

$$\frac{7}{8} - \frac{5}{7} \quad \frac{8}{56} \quad \frac{7}{8} \quad \frac{1}{6} \quad \frac{6}{9} \quad \frac{3}{3} \quad \frac{7}{9} \quad \frac{8}{9} \quad \frac{3}{4} \quad \frac{1}{6} \quad \frac{1}{5} \quad \frac{4}{5} \quad \frac{1}{5}$$

$$\frac{26}{36} \quad \frac{2}{56} \quad \frac{6}{56} \quad \frac{51}{56} \quad \frac{5}{6} \quad \frac{13}{28} \quad \frac{10}{28} \quad \frac{15}{28} \quad \frac{3}{5}$$

$$\frac{3}{4} - \frac{4}{9} \quad \frac{46}{56} \quad \frac{7}{8} - \frac{4}{7} \quad \frac{20}{56} \quad \frac{4}{4} \quad \frac{5}{6} \quad \frac{1}{6} \quad \frac{5}{7} \quad \frac{1}{4} \quad \frac{27}{28} \quad \frac{5}{8} \quad \frac{1}{2}$$

$$\frac{8}{8} \quad \frac{3}{8} \quad \frac{11}{56} \quad \frac{17}{56} \quad \frac{5}{12} \quad \frac{20}{28} \quad \frac{18}{28} \quad \frac{1}{28} \quad \frac{1}{8}$$

$$\frac{7}{7} - \frac{5}{8} \quad \frac{6}{8} \quad \frac{3}{6} \quad \frac{2}{8} \quad \frac{1}{12} \quad \frac{2}{3} \quad \frac{1}{4} \quad \frac{7}{12} \quad \frac{2}{2} \quad \frac{2}{3} \quad \frac{3}{3}$$

Time: 46   Score:

$$\frac{2}{3} - \frac{2}{9} \quad \frac{1}{3} \quad \frac{7}{9} - \frac{1}{9} \quad \frac{5}{9} \quad \frac{2}{2} - \frac{4}{9} \quad \frac{6}{9} \quad \frac{2}{2} - \frac{2}{5} \quad \frac{9}{10} \quad \frac{3}{6} - \frac{2}{5}$$

$$\frac{4}{8} \qquad \frac{3}{3} \qquad \frac{2}{3} \qquad \frac{12}{63} \qquad \frac{5}{63} \qquad \frac{49}{63} \qquad \frac{7}{9} \qquad \frac{2}{3} \qquad \frac{2}{3}$$

$$\frac{4}{4} - \frac{7}{8} \quad \frac{7}{20} \quad \frac{3}{4} - \frac{2}{5} \quad \frac{6}{63} \quad \frac{6}{7} - \frac{7}{9} \quad \frac{53}{63} \quad \frac{3}{3} - \frac{4}{9} \quad \frac{1}{3} \quad \frac{3}{3} - \frac{1}{3}$$

$$\frac{1}{8} \qquad \frac{5}{8} \qquad \frac{5}{20} \qquad \frac{7}{63} \qquad \frac{58}{63} \qquad \frac{1}{3} \qquad \frac{3}{3} \qquad \frac{1}{5} \qquad \frac{19}{20}$$

$$\frac{5}{5} - \frac{2}{6} \quad \frac{2}{3} \quad \frac{4}{8} - \frac{1}{5} \quad \frac{7}{10} \quad \frac{1}{2} - \frac{1}{9} \quad \frac{3}{3} \quad \frac{1}{2} - \frac{1}{6} \quad \frac{11}{20} \quad \frac{3}{5} - \frac{1}{4}$$

$$\frac{1}{3} \qquad \frac{2}{10} \qquad \frac{3}{10} \qquad \frac{5}{6} \qquad \frac{2}{6} \qquad \frac{1}{6} \qquad \frac{2}{3} \qquad \frac{2}{18} \qquad \frac{15}{18}$$

$$\frac{2}{3} - \frac{2}{5} \quad \frac{10}{21} \quad \frac{1}{3} - \frac{2}{7} \quad \frac{3}{6} \quad \frac{2}{6} - \frac{1}{6} \quad \frac{3}{8} \quad \frac{4}{8} - \frac{1}{8} \quad \frac{1}{8} \quad \frac{3}{6} - \frac{2}{9}$$

$$\frac{2}{4} \qquad \frac{5}{5} \qquad \frac{1}{21} \qquad \frac{3}{5} \qquad \frac{4}{6} \qquad \frac{2}{7} \qquad \frac{3}{7} \qquad \frac{5}{7} \qquad \frac{2}{2}$$

$$\frac{2}{2} - \frac{1}{4} \quad \frac{3}{5} \quad \frac{9}{9} - \frac{4}{5} \quad \frac{1}{5} \quad \frac{2}{2} - \frac{1}{6} \quad \frac{6}{7} \quad \frac{3}{3} - \frac{4}{7} \quad \frac{1}{2} \quad \frac{5}{8} - \frac{1}{8}$$

$$\frac{59}{63} \qquad \frac{3}{5} \qquad \frac{2}{5} \qquad \frac{2}{6} \qquad \frac{5}{6} \qquad \frac{6}{7} \qquad \frac{4}{7} \qquad \frac{1}{7} \qquad \frac{17}{28}$$

$$\frac{4}{7} - \frac{2}{9} \quad \frac{28}{63} \quad \text{⚑} \quad \frac{1}{6} \quad \frac{1}{2} - \frac{3}{9} \quad \frac{3}{6} \quad \frac{4}{4} - \frac{1}{2} \quad \frac{15}{28} \quad \frac{6}{8} - \frac{1}{7}$$

Time: 47   Score:

$$\frac{4}{4} - \frac{1}{2} \quad \frac{2}{2} \quad \frac{6}{6} - \frac{4}{6} \quad \frac{3}{3} \quad \text{🏁} \quad \frac{1}{5} \quad \frac{7}{7} - \frac{4}{5} \quad \frac{4}{5} \quad \frac{4}{4} - \frac{4}{5}$$

$$\frac{5}{7} \quad \frac{5}{7} \quad \frac{10}{12} \quad \frac{49}{56} \quad \frac{13}{56} \quad \frac{43}{56} \quad \frac{14}{56} \quad \frac{2}{15} \quad \frac{9}{15}$$

$$\frac{3}{3} - \frac{5}{7} \quad \frac{6}{7} \quad \frac{1}{4} \quad \frac{1}{6} \quad \frac{43}{56} \quad \frac{6}{7} - \frac{5}{8} \quad \frac{9}{56} \quad \frac{2}{7} \quad \frac{1}{8} \quad \frac{8}{56} \quad \frac{4}{5} \quad \frac{1}{3}$$

$$\frac{1}{2} \quad \frac{5}{7} \quad \frac{6}{7} \quad \frac{48}{56} \quad \frac{5}{7} \quad \frac{31}{56} \quad \frac{2}{3} \quad \frac{3}{4} \quad \frac{4}{9}$$

$$\frac{2}{2} - \frac{1}{2} \quad \frac{1}{7} \quad \frac{9}{9} \quad \frac{3}{7} \quad \frac{4}{7} \quad \frac{7}{7} - \frac{5}{7} \quad \frac{4}{5} \quad \frac{5}{5} \quad \frac{1}{3} \quad \frac{3}{4} \quad \frac{5}{5} - \frac{4}{9}$$

$$\frac{5}{5} \quad \frac{3}{5} \quad \frac{2}{7} \quad \frac{3}{7} \quad \frac{2}{7} \quad \frac{1}{4} \quad \frac{2}{4} \quad \frac{11}{45} \quad \frac{45}{45}$$

$$\frac{9}{9} - \frac{2}{5} \quad \frac{2}{5} \quad \frac{3}{7} \quad \frac{1}{8} \quad \frac{4}{5} \quad \frac{3}{4} \quad \frac{2}{8} \quad \frac{1}{3} \quad \frac{2}{3} - \frac{4}{7} \quad \frac{10}{45} \quad \frac{4}{9} - \frac{1}{5}$$

$$\frac{4}{5} \quad \frac{1}{20} \quad \frac{11}{20} \quad \frac{15}{20} \quad \frac{1}{2} \quad \frac{7}{15} \quad \frac{4}{15} \quad \frac{2}{15} \quad \frac{5}{8}$$

$$\frac{2}{3} - \frac{1}{2} \quad \frac{4}{6} \quad \frac{1}{4} \quad \frac{1}{5} \quad \frac{5}{20} \quad \frac{2}{3} \quad \frac{1}{3} \quad \frac{2}{3} \quad \frac{6}{9} \quad \frac{3}{5} \quad \frac{13}{15} \quad \frac{7}{8} \quad \frac{1}{4}$$

$$\frac{2}{2} \quad \frac{3}{5} \quad \frac{1}{9} \quad \frac{13}{20} \quad \frac{1}{3} \quad \frac{1}{6} \quad \frac{1}{15} \quad \frac{9}{15} \quad \frac{7}{8}$$

$$\frac{3}{3} - \frac{1}{2} \quad \frac{1}{2} \quad \frac{1}{3} \quad \frac{2}{9} \quad \frac{3}{6} \quad \frac{2}{3} \quad \frac{1}{2} \quad \frac{6}{6} \quad \frac{4}{7} \quad \frac{2}{5} \quad \frac{6}{35} \quad \frac{4}{4} - \frac{1}{8}$$

$\frac{1}{3} - \frac{2}{8}$ | $\frac{17}{20}$ | $\frac{4}{5} - \frac{1}{4}$ | $\frac{4}{8}$ | $\frac{3}{4} - \frac{1}{8}$ | $\frac{14}{18}$ | $\frac{1}{2} - \frac{2}{9}$ | $\frac{1}{28}$ | $\frac{3}{4} - \frac{5}{7}$

$\frac{3}{4}$ | $\frac{4}{4}$ | $\frac{5}{7}$ | $\frac{3}{5}$ | $\frac{5}{5}$ | $\frac{1}{5}$ | $\frac{5}{18}$ | $\frac{9}{24}$ | $\frac{5}{24}$

$\frac{4}{4} - \frac{3}{4}$ | $\frac{1}{4}$ | $\frac{4}{4} - \frac{4}{7}$ | $\frac{3}{7}$ | $\frac{3}{3} - \frac{3}{5}$ | $\frac{3}{5}$ | 🏁 | $\frac{4}{24}$ | $\frac{3}{8} - \frac{1}{6}$

$\frac{4}{4}$ | $\frac{1}{36}$ | $\frac{3}{36}$ | $\frac{24}{36}$ | $\frac{2}{5}$ | $\frac{12}{21}$ | $\frac{21}{21}$ | $\frac{5}{21}$ | $\frac{12}{24}$

$\frac{9}{9} - \frac{3}{8}$ | $\frac{5}{36}$ | $\frac{7}{9} - \frac{3}{4}$ | $\frac{2}{36}$ | $\frac{7}{8} - \frac{5}{9}$ | $\frac{23}{72}$ | $\frac{4}{7} - \frac{3}{9}$ | $\frac{3}{21}$ | $\frac{7}{8} - \frac{5}{8}$

$\frac{7}{8}$ | $\frac{33}{36}$ | $\frac{5}{9}$ | $\frac{31}{35}$ | $\frac{19}{35}$ | $\frac{13}{35}$ | $\frac{10}{10}$ | $\frac{5}{6}$ | $\frac{2}{6}$

$\frac{1}{2} - \frac{3}{8}$ | $\frac{1}{9}$ | $\frac{2}{2} - \frac{4}{9}$ | $\frac{23}{35}$ | $\frac{6}{7} - \frac{1}{5}$ | $\frac{1}{3}$ | $\frac{3}{3} - \frac{2}{3}$ | $\frac{1}{6}$ | $\frac{1}{2} - \frac{2}{6}$

$\frac{3}{5}$ | $\frac{2}{4}$ | $\frac{2}{9}$ | $\frac{18}{35}$ | $\frac{7}{35}$ | $\frac{7}{35}$ | $\frac{4}{10}$ | $\frac{3}{6}$ | $\frac{13}{28}$

$\frac{9}{9} - \frac{4}{5}$ | $\frac{3}{4}$ | $\frac{2}{4} - \frac{1}{4}$ | $\frac{5}{18}$ | $\frac{4}{9} - \frac{1}{6}$ | $\frac{2}{10}$ | $\frac{4}{5} - \frac{3}{6}$ | $\frac{3}{10}$ | $\frac{3}{4} - \frac{2}{7}$

$\frac{4}{21}$ | $\frac{3}{21}$ | $\frac{3}{12}$ | $\frac{3}{4}$ | $\frac{2}{4}$ | $\frac{1}{4}$ | $\frac{1}{9}$ | $\frac{7}{10}$ | $\frac{5}{8}$

$\frac{5}{7} - \frac{2}{3}$ | $\frac{1}{12}$ | $\frac{4}{6} - \frac{1}{4}$ | $\frac{4}{4}$ | $\frac{8}{8} - \frac{1}{4}$ | $\frac{9}{9}$ | $\frac{4}{4} - \frac{8}{9}$ | $\frac{1}{8}$ | $\frac{5}{8} - \frac{2}{4}$

$\frac{6}{8} - \frac{1}{5}$	$\frac{2}{2}$	$\frac{5}{5} - \frac{1}{2}$	$\frac{1}{6}$	$\frac{6}{6} - \frac{5}{6}$	$\frac{3}{5}$	$\frac{4}{4} - \frac{2}{5}$	$\frac{7}{9}$	$\frac{6}{6} - \frac{2}{9}$	
$\frac{6}{10}$	$\frac{1}{2}$	$\frac{6}{7}$	$\frac{9}{9}$	$\frac{2}{9}$	$\frac{1}{5}$	$\frac{2}{5}$	$\frac{1}{7}$	$\frac{1}{2}$	
$\frac{3}{5} - \frac{3}{6}$	$\frac{2}{10}$	$\frac{8}{8}$	$\frac{3}{7}$	$\frac{8}{9}$	$\frac{8}{9} - \frac{2}{6}$	$\frac{5}{9}$	$\frac{4}{8}$	$\frac{1}{8}$	$\frac{3}{8}$	$\frac{3}{3} - \frac{2}{4}$
$\frac{1}{10}$	$\frac{11}{35}$	$\frac{29}{35}$	$\frac{1}{35}$	$\frac{4}{9}$	$\frac{3}{5}$	$\frac{1}{5}$	$\frac{1}{5}$	$\frac{2}{2}$	
$\frac{4}{7} - \frac{3}{7}$	$\frac{9}{35}$	$\frac{3}{7} - \frac{2}{5}$	$\frac{24}{35}$	$\frac{7}{7} - \frac{4}{5}$	$\frac{1}{5}$	$\frac{3}{3} - \frac{1}{5}$	$\frac{3}{5}$	$\frac{6}{7} - \frac{1}{5}$	
$\frac{1}{7}$	$\frac{11}{24}$	$\frac{32}{35}$	$\frac{2}{7}$	$\frac{1}{7}$	$\frac{4}{5}$	$\frac{1}{6}$	$\frac{2}{5}$	$\frac{13}{40}$	
$\frac{5}{8} - \frac{1}{3}$	$\frac{7}{24}$	🏁	$\frac{7}{7}$	$\frac{5}{5} - \frac{5}{7}$	$\frac{4}{6}$	$\frac{4}{8} - \frac{1}{3}$	$\frac{35}{40}$	$\frac{3}{5} - \frac{3}{8}$	
$\frac{3}{24}$	$\frac{20}{24}$	$\frac{7}{9}$	$\frac{6}{7}$	$\frac{1}{2}$	$\frac{5}{7}$	$\frac{1}{8}$	$\frac{5}{8}$	$\frac{5}{6}$	
$\frac{1}{2} - \frac{2}{6}$	$\frac{1}{9}$	$\frac{6}{6} - \frac{7}{9}$	$\frac{1}{2}$	$\frac{6}{8}$	$\frac{2}{8}$	$\frac{8}{8}$	$\frac{2}{2}$	$\frac{7}{8}$	$\frac{4}{8} - \frac{4}{4} - \frac{1}{6}$
$\frac{1}{3}$	$\frac{1}{3}$	$\frac{1}{4}$	$\frac{4}{4}$	$\frac{4}{4}$	$\frac{3}{4}$	$\frac{1}{3}$	$\frac{2}{5}$	$\frac{3}{5}$	
$\frac{3}{3} - \frac{4}{6}$	$\frac{2}{4}$	$\frac{7}{7}$	$\frac{2}{8}$	$\frac{4}{4}$	$\frac{4}{4} - \frac{1}{4}$	$\frac{2}{3}$	$\frac{6}{6}$	$\frac{2}{3}$	$\frac{1}{5}$	$\frac{3}{5} - \frac{2}{5}$

Time:

50

Score:

Fraction maze puzzle

$\frac{4}{4}-\frac{2}{9}$		$\frac{8}{9}$	$\frac{5}{9}-\frac{3}{6}$	$\frac{1}{6}$	$\frac{4}{6}-\frac{3}{6}$		$\frac{3}{6}$	$\frac{2}{2}-\frac{5}{9}$	$\frac{4}{7}$	$\frac{6}{6}-\frac{4}{7}$		
$\frac{7}{9}$	$\frac{2}{12}$	$\frac{1}{18}$	$\frac{3}{10}$	$\frac{3}{4}$		$\frac{5}{8}$	$\frac{3}{8}$	$\frac{3}{7}$		$\frac{3}{10}$		
$\frac{4}{6}-\frac{2}{7}$	$\frac{19}{21}$	$\frac{3}{5}$	$\frac{1}{2}$	$\frac{6}{10}$	$\frac{2}{3}-\frac{3}{6}$	$\frac{1}{6}$	$\frac{3}{4}$	$\frac{1}{8}$	$\frac{6}{8}$	$\frac{4}{8}-\frac{1}{5}$		
$\frac{8}{21}$	$\frac{7}{10}$	$\frac{1}{10}$	$\frac{9}{10}$	$\frac{5}{6}$	$\frac{7}{8}$	$\frac{6}{8}$	$\frac{10}{14}$	$\frac{3}{14}$				
$\frac{1}{3}-\frac{1}{9}$	$\frac{6}{9}$	[flag]	$\frac{2}{6}$	$\frac{1}{2}-\frac{1}{3}$	$\frac{5}{6}$	$\frac{3}{4}$	$\frac{6}{9}$	$\frac{9}{14}$	$\frac{3}{6}-\frac{2}{7}$			
$\frac{2}{9}$	$\frac{10}{18}$	$\frac{16}{36}$	$\frac{23}{36}$	$\frac{1}{6}$	$\frac{21}{24}$	$\frac{1}{24}$	$\frac{19}{24}$	$\frac{11}{21}$				
$\frac{4}{5}-\frac{2}{3}$	$\frac{2}{15}$	$\frac{8}{9}$	$\frac{2}{8}$	$\frac{5}{36}$	$\frac{3}{7}$	$\frac{3}{9}$	$\frac{2}{21}$	$\frac{5}{8}-\frac{2}{6}$	$\frac{15}{24}$	$\frac{6}{9}-\frac{1}{7}$		
$\frac{2}{6}$	$\frac{6}{10}$	$\frac{19}{36}$	$\frac{30}{36}$	$\frac{7}{8}$	$\frac{17}{24}$	$\frac{4}{24}$	$\frac{7}{24}$	$\frac{3}{56}$				
$\frac{8}{8}$	$\frac{1}{2}$	$\frac{2}{2}$	$\frac{6}{9}$	$\frac{1}{4}$	$\frac{10}{12}$	$\frac{7}{7}$	$\frac{4}{6}$	$\frac{3}{3}$	$\frac{1}{3}$	$\frac{1}{5}$	$\frac{47}{56}$	$\frac{3}{7}-\frac{3}{8}$
$\frac{2}{2}$	$\frac{1}{2}$	$\frac{10}{12}$	$\frac{3}{3}$	$\frac{1}{3}$	$\frac{2}{3}$	$\frac{6}{15}$	$\frac{22}{56}$	$\frac{25}{56}$				
$\frac{3}{4}-\frac{2}{9}$	$\frac{17}{36}$	$\frac{7}{8}$	$\frac{2}{5}$	$\frac{23}{40}$	$\frac{4}{6}$	$\frac{2}{4}$	$\frac{4}{6}$	$\frac{3}{3}$	$\frac{1}{5}$	$\frac{4}{5}$	$\frac{2}{4}-\frac{2}{7}$	

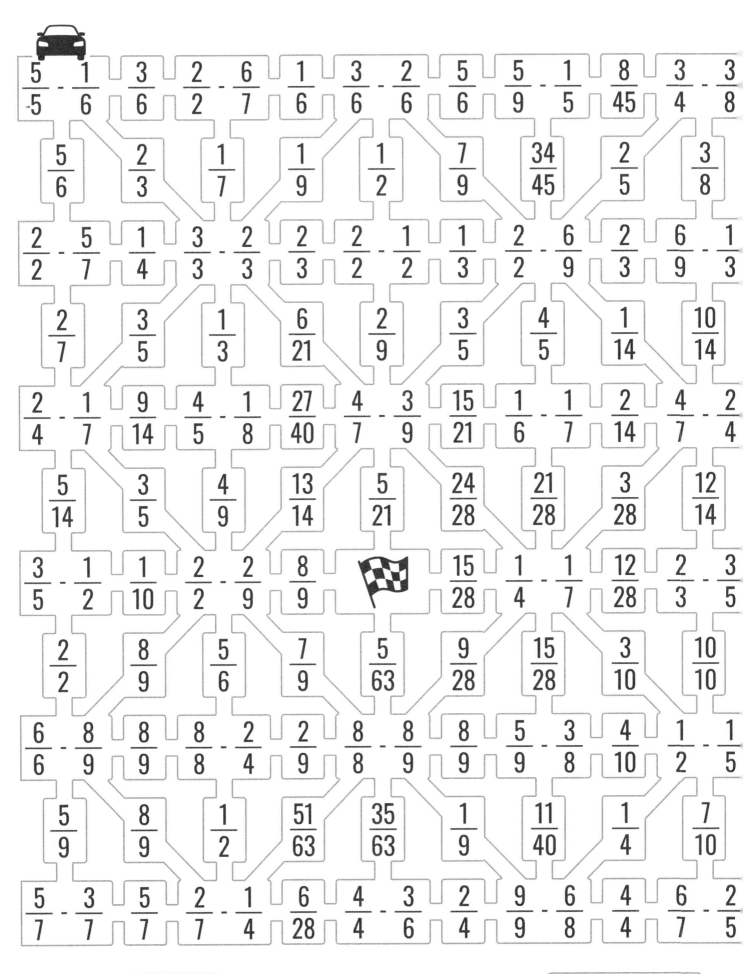

$\dfrac{2}{5} - \dfrac{1}{9}$ $\dfrac{13}{45}$ $\dfrac{2}{8} - \dfrac{2}{9}$ $\dfrac{16}{36}$ $\dfrac{2}{4} - \dfrac{2}{6}$ $\dfrac{1}{6}$ $\dfrac{2}{2} - \dfrac{1}{2}$ $\dfrac{1}{2}$

$\dfrac{18}{45}$ $\dfrac{17}{45}$ $\dfrac{1}{36}$ $\dfrac{6}{6}$ $\dfrac{5}{6}$ $\dfrac{17}{42}$ $\dfrac{16}{42}$ $\dfrac{40}{42}$ $\dfrac{2}{3}$

$\dfrac{1}{3} - \dfrac{1}{7}$ $\dfrac{2}{3}$ $\dfrac{2}{3} - \dfrac{1}{3}$ $\dfrac{3}{3}$ $\dfrac{4}{7} - \dfrac{2}{9}$ $\dfrac{23}{42}$ $\dfrac{4}{7} - \dfrac{1}{6}$ $\dfrac{35}{42}$ $\dfrac{2}{3} - \dfrac{1}{3}$

$\dfrac{5}{12}$ $\dfrac{2}{3}$ $\dfrac{1}{3}$ $\dfrac{3}{3}$ $\dfrac{5}{63}$ $\dfrac{29}{42}$ $\dfrac{21}{42}$ $\dfrac{3}{4}$ $\dfrac{4}{4}$

$\dfrac{5}{6} - \dfrac{3}{4}$ $\dfrac{7}{8} - \dfrac{3}{3}$ $\dfrac{1}{8}$ $\dfrac{6}{8}$ $\dfrac{6}{6} - \dfrac{4}{5}$ $\dfrac{4}{5}$ $\dfrac{1}{2}$ $\dfrac{3}{8}$ $\dfrac{1}{4}$ $\dfrac{7}{7} - \dfrac{1}{4}$

$\dfrac{8}{12}$ $\dfrac{1}{12}$ $\dfrac{8}{8}$ $\dfrac{12}{42}$ $\dfrac{1}{5}$ $\dfrac{10}{12}$ $\dfrac{2}{8}$ $\dfrac{2}{12}$ $\dfrac{5}{8}$

$\dfrac{4}{5} - \dfrac{2}{5}$ $\dfrac{33}{42}$ $\dfrac{5}{6} - \dfrac{1}{7}$ $\dfrac{8}{42}$ $\dfrac{5}{5} - \dfrac{3}{4}$ $\dfrac{1}{12}$ $\dfrac{5}{6} - \dfrac{2}{8}$ $\dfrac{7}{12}$ $\dfrac{7}{8} - \dfrac{1}{4}$

$\dfrac{2}{5}$ $\dfrac{16}{42}$ $\dfrac{13}{42}$ $\dfrac{29}{42}$ $\dfrac{13}{35}$ $\dfrac{14}{35}$ $\dfrac{6}{12}$ $\dfrac{1}{3}$ $\dfrac{2}{3}$

$\dfrac{5}{5} - \dfrac{4}{9}$ $\dfrac{2}{9}$ $\dfrac{5}{7} - \dfrac{1}{6}$ $\dfrac{18}{35}$ $\dfrac{2}{5} - \dfrac{1}{7}$ $\dfrac{13}{35}$ $\dfrac{1}{2}$ $\dfrac{1}{8}$ $\dfrac{2}{5}$ $\dfrac{2}{2} - \dfrac{2}{3}$

$\dfrac{5}{9}$ $\dfrac{6}{9}$ $\dfrac{18}{42}$ $\dfrac{4}{35}$ $\dfrac{9}{35}$ $\dfrac{25}{35}$ $\dfrac{15}{15}$ $\dfrac{3}{15}$ $\dfrac{1}{15}$

$\dfrac{4}{4} - \dfrac{2}{5}$ $\dfrac{2}{5}$ $\dfrac{4}{4} - \dfrac{1}{4}$ $\dfrac{16}{36}$ $\dfrac{5}{9} - \dfrac{2}{8}$ $\dfrac{11}{36}$ $\dfrac{6}{9} - \dfrac{2}{5}$ $\dfrac{4}{15}$ $\dfrac{2}{3} - \dfrac{3}{5}$

Time:

53

Score:

$$\frac{6}{6} - \frac{1}{3} \quad \frac{19}{36} \quad \frac{2}{8} - \frac{2}{9} \quad \frac{15}{18} \quad \frac{7}{9} - \frac{1}{2} \quad \frac{1}{3} \quad \frac{7}{7} - \frac{2}{3} \quad \frac{3}{5} \quad \frac{7}{7} - \frac{2}{5}$$

$$\frac{1}{3} \quad \frac{1}{8} \quad \frac{6}{8} \quad \frac{5}{18} \quad \frac{7}{18} \quad \frac{14}{18} \quad \frac{3}{3} \quad \frac{4}{5} \quad \frac{2}{5}$$

$$\frac{3}{3} - \frac{1}{2} \quad \frac{2}{8} \quad \frac{7}{8} - \frac{2}{4} \quad \frac{5}{8} \quad \frac{1}{2} - \frac{3}{7} \quad \frac{1}{14} \quad \frac{7}{9} \quad \frac{4}{6} \quad \frac{5}{9}$$

$$\frac{22}{45} \quad \frac{3}{8} \quad \frac{8}{8} \quad \frac{8}{8} \quad \frac{1}{4} \quad \frac{4}{4} \quad \frac{1}{9} \quad \frac{3}{3} \quad \frac{1}{3}$$

$$\frac{3}{5} - \frac{2}{9} \quad \frac{41}{45} \quad \frac{5}{7} - \frac{4}{7} \quad \frac{3}{4} \quad \frac{3}{4} - \frac{1}{2} \quad \frac{6}{9} \quad \frac{7}{7} \quad \frac{5}{9} \quad \frac{4}{9} \quad \frac{9}{9} - \frac{2}{3}$$

$$\frac{10}{45} \quad \frac{17}{45} \quad \frac{3}{7} \quad \frac{3}{3} \quad \frac{1}{5} \quad \frac{61}{72} \quad \frac{23}{72} \quad \frac{1}{72} \quad \frac{13}{24}$$

$$\frac{3}{3} - \frac{1}{4} \quad \frac{3}{3} \quad \frac{5}{6} - \frac{1}{2} \quad \frac{2}{3} \quad \frac{6}{6} - \frac{4}{5} \quad \frac{47}{72} \quad \frac{7}{8} - \frac{2}{9} \quad \frac{1}{24} \quad \frac{6}{9} - \frac{5}{8}$$

$$\frac{3}{4} \quad \frac{2}{3} \quad \frac{3}{3} \quad \frac{1}{3} \quad \frac{6}{9} \quad \frac{2}{9} \quad \frac{45}{72} \quad \frac{42}{72} \quad \frac{5}{6}$$

$$\frac{4}{7} - \frac{2}{7} \quad \frac{7}{7} \quad \frac{6}{6} - \frac{4}{7} \quad \frac{7}{9} \quad \frac{2}{3} - \frac{5}{9} \quad \frac{1}{9} \quad \frac{7}{9} \quad \frac{6}{8} \quad \frac{1}{36} \quad \frac{2}{2} - \frac{1}{6}$$

$$\frac{1}{7} \quad \frac{6}{7} \quad \frac{7}{7} \quad \frac{8}{9} \quad \frac{5}{9} \quad \frac{6}{9} \quad \frac{19}{36} \quad \frac{6}{6} \quad \frac{1}{6}$$

$$\frac{7}{8} - \frac{1}{2} \quad \frac{2}{8} \quad \frac{4}{4} - \frac{7}{8} \quad \frac{6}{8} \quad \frac{5}{8} - \frac{1}{2} \quad \frac{8}{8} \quad \frac{3}{8} \quad \frac{1}{4} \quad \frac{2}{12} - \frac{2}{3} \quad \frac{2}{8}$$

Time: **54**   Score:

$\frac{1}{2} - \frac{4}{9}$	$\frac{1}{18}$	$\frac{3}{3} - \frac{2}{4}$	$\frac{1}{2}$	$\frac{5}{5} - \frac{6}{7}$	$\frac{1}{7}$	$\frac{4}{5} - \frac{4}{6}$	$\frac{2}{15}$	$\frac{7}{9} - \frac{1}{3}$
$\frac{7}{18}$	$\frac{6}{9}$	$\frac{9}{9}$	$\frac{5}{7}$	$\frac{5}{7}$	$\frac{2}{7}$	$\frac{6}{14}$	$\frac{4}{9}$	$\frac{7}{9}$
$\frac{2}{9} - \frac{1}{7}$	$\frac{22}{63}$	$\frac{5}{7} - \frac{5}{9}$	$\frac{19}{63}$	$\frac{4}{7} - \frac{2}{6}$	$\frac{4}{14}$	$\frac{4}{8} - \frac{1}{7}$	$\frac{11}{14}$	$\frac{1}{2} - \frac{1}{5}$
$\frac{58}{63}$	$\frac{50}{63}$	$\frac{8}{63}$	$\frac{61}{63}$	$\frac{13}{21}$	$\frac{2}{4}$	$\frac{2}{4}$	$\frac{5}{14}$	$\frac{3}{15}$
$\frac{4}{9} - \frac{3}{8}$	$\frac{27}{72}$	$\frac{7}{9} - \frac{2}{3}$	$\frac{2}{9}$	🏁	$\frac{1}{3} - \frac{9}{9}$	$\frac{2}{3} - \frac{2}{15}$	$\frac{6}{9} - \frac{1}{5}$	
$\frac{53}{72}$	$\frac{2}{12}$	$\frac{11}{12}$	$\frac{9}{12}$	$\frac{5}{6}$	$\frac{5}{6}$	$\frac{19}{20}$	$\frac{7}{15}$	$\frac{14}{15}$
$\frac{3}{3} - \frac{7}{8}$	$\frac{3}{3} - \frac{2}{3}$	$\frac{3}{9}$	$\frac{1}{3} - \frac{8}{8}$	$\frac{1}{6} - \frac{6}{6}$	$\frac{3}{5} - \frac{1}{4}$	$\frac{4}{20}$	$\frac{2}{4} - \frac{2}{8}$	
$\frac{8}{12}$	$\frac{5}{12}$	$\frac{6}{6}$	$\frac{14}{20}$	$\frac{11}{20}$	$\frac{6}{20}$	$\frac{1}{7}$	$\frac{7}{20}$	$\frac{11}{15}$
$\frac{4}{6} - \frac{1}{4}$	$\frac{1}{6} - \frac{2}{4}$	$\frac{2}{6}$	$\frac{1}{20}$	$\frac{2}{8} - \frac{1}{5}$	$\frac{5}{7}$	$\frac{7}{7} - \frac{4}{7}$	$\frac{2}{15}$	$\frac{2}{6} - \frac{1}{5}$
$\frac{9}{12}$	$\frac{23}{45}$	$\frac{32}{36}$	$\frac{6}{20}$	$\frac{4}{9}$	$\frac{3}{5}$	$\frac{3}{7}$	$\frac{6}{10}$	$\frac{8}{15}$
$\frac{3}{3} - \frac{2}{3}$	$\frac{3}{3} - \frac{5}{7}$	$\frac{1}{6} - \frac{8}{9}$	$\frac{4}{6} - \frac{2}{9}$	$\frac{11}{35}$	$\frac{3}{5} - \frac{2}{7}$	$\frac{2}{35}$	$\frac{2}{2} - \frac{4}{5}$	

$$\frac{3}{3} - \frac{3}{4} \quad \frac{1}{3} \quad \frac{2}{2} - \frac{2}{6} \quad \frac{33}{45} \quad \frac{4}{5} - \frac{5}{9} \quad \frac{25}{45} \quad \text{🏁} \quad \frac{5}{6} \quad \frac{2}{2} - \frac{1}{6}$$

$$\frac{11}{28} \quad \frac{11}{28} \quad \frac{8}{9} \quad \frac{2}{2} \quad \frac{2}{2} \quad \frac{2}{2} \quad \frac{17}{35} \quad \frac{1}{4} \quad \frac{3}{4}$$

$$\frac{3}{4} - \frac{5}{7} \quad \frac{9}{9} \quad \frac{3}{3} - \frac{2}{9} \quad \frac{2}{2} \quad \frac{5}{6} - \frac{1}{3} \quad \frac{21}{35} \quad \frac{6}{7} - \frac{4}{5} \quad \frac{2}{35} \quad \frac{6}{6} - \frac{1}{4}$$

$$\frac{5}{8} \quad \frac{13}{24} \quad \frac{9}{24} \quad \frac{4}{24} \quad \frac{6}{15} \quad \frac{5}{8} \quad \frac{1}{8} \quad \frac{4}{4} \quad \frac{1}{4}$$

$$\frac{4}{4} - \frac{3}{8} \quad \frac{19}{24} \quad \frac{5}{8} - \frac{1}{3} \quad \frac{7}{24} \quad \frac{2}{5} - \frac{2}{6} \quad \frac{1}{15} \quad \frac{2}{8} - \frac{1}{8} \quad \frac{2}{8} \quad \frac{6}{7} - \frac{1}{6}$$

$$\frac{2}{8} \quad \frac{1}{8} \quad \frac{1}{28} \quad \frac{22}{24} \quad \frac{11}{15} \quad \frac{6}{8} \quad \frac{2}{7} \quad \frac{7}{8} \quad \frac{2}{5}$$

$$\frac{5}{5} - \frac{1}{8} \quad \frac{7}{8} - \frac{3}{4} \quad \frac{5}{7} \quad \frac{24}{28} \quad \frac{3}{3} - \frac{3}{8} \quad \frac{7}{7} \quad \frac{4}{4} - \frac{3}{7} \quad \frac{4}{5} \quad \frac{2}{2} - \frac{1}{5}$$

$$\frac{1}{6} \quad \frac{5}{7} \quad \frac{2}{7} \quad \frac{7}{7} \quad \frac{5}{9} \quad \frac{13}{21} \quad \frac{4}{7} \quad \frac{3}{5} \quad \frac{11}{20}$$

$$\frac{1}{2} - \frac{2}{6} \quad \frac{6}{7} \quad \frac{5}{7} - \frac{2}{7} \quad \frac{1}{7} \quad \frac{2}{3} - \frac{4}{9} \quad \frac{14}{21} \quad \frac{6}{9} - \frac{2}{7} \quad \frac{17}{20} \quad \frac{4}{5} - \frac{1}{4}$$

$$\frac{8}{45} \quad \frac{3}{7} \quad \frac{4}{7} \quad \frac{1}{8} \quad \frac{7}{8} \quad \frac{8}{21} \quad \frac{20}{21} \quad \frac{2}{21} \quad \frac{1}{2}$$

$$\frac{2}{5} - \frac{2}{9} \quad \frac{29}{45} \quad \frac{2}{4} - \frac{3}{9} \quad \frac{3}{8} \quad \frac{5}{8} - \frac{1}{2} \quad \frac{6}{8} \quad \frac{2}{2} - \frac{8}{9} \quad \frac{2}{2} \quad \frac{8}{8} - \frac{1}{2}$$

$$\frac{4}{5} - \frac{4}{9} \quad \frac{2}{12} \quad \frac{3}{9} - \frac{1}{4} \quad \frac{1}{3} \quad \frac{7}{7} - \frac{2}{3} \quad \frac{1}{4} \quad \frac{1}{2} - \frac{1}{4} \quad \frac{2}{4} \quad \frac{6}{7} - \frac{2}{5}$$

$$\frac{25}{40} \quad \frac{1}{12} \quad \frac{7}{12} \quad \frac{12}{12} \quad \frac{2}{3} \quad \frac{24}{63} \quad \frac{5}{6} \quad \frac{8}{9} \quad \frac{5}{9}$$

$$\frac{5}{8} - \frac{1}{5} \quad \frac{29}{40} \quad \frac{3}{5} - \frac{4}{8} \quad \frac{16}{63} \quad \frac{8}{9} - \frac{1}{7} \quad \frac{2}{6} \quad \frac{5}{5} \quad \frac{1}{6} \quad \frac{1}{9} \quad \frac{4}{9} - \frac{3}{9}$$

$$\frac{17}{40} \quad \frac{4}{4} \quad \frac{2}{5} \quad \frac{2}{5} \quad \frac{4}{5} \quad \frac{12}{12} \quad \frac{9}{12} \quad \frac{1}{12} \quad \frac{9}{9}$$

$$\frac{2}{4} - \frac{2}{8} \quad \frac{2}{4} \quad \frac{2}{2} \quad \frac{2}{8} \quad \frac{3}{4} \quad \frac{5}{5} \quad \frac{4}{5} \quad \frac{1}{5} \quad \frac{1}{3} \quad \frac{1}{4} \quad \frac{9}{12} \quad \frac{1}{3} - \frac{2}{7}$$

$$\frac{1}{4} \quad \frac{14}{18} \quad \frac{2}{4} \quad \frac{1}{6} \quad \frac{4}{6} \quad \frac{2}{6} \quad \frac{11}{12} \quad \frac{8}{12} \quad \frac{4}{15}$$

$$\frac{1}{2} - \frac{4}{9} \quad \frac{1}{18} \quad \frac{5}{5} \quad \frac{5}{7} \quad \frac{2}{6} \quad \frac{1}{2} - \frac{1}{3} \quad \frac{6}{6} \quad \frac{3}{3} \quad \frac{8}{9} \quad \frac{13}{15} \quad \frac{6}{9} - \frac{3}{5}$$

$$\frac{2}{18} \quad \frac{14}{18} \quad \frac{2}{7} \quad \frac{5}{6} \quad \frac{2}{6} \quad \frac{1}{8} \quad \frac{2}{8} \quad \frac{7}{8} \quad \frac{6}{14}$$

$$\frac{2}{2} - \frac{1}{2} \quad \frac{2}{2} \quad \text{🏁} \quad \frac{1}{4} \quad \frac{5}{5} - \frac{1}{4} \quad \frac{2}{8} \quad \frac{5}{8} - \frac{1}{2} \quad \frac{8}{14} \quad \frac{2}{4} \quad \frac{3}{7}$$

$$\frac{9}{10} \quad \frac{7}{10} \quad \frac{2}{2} \quad \frac{3}{3} \quad \frac{3}{5} \quad \frac{1}{3} \quad \frac{5}{8} \quad \frac{4}{8} \quad \frac{3}{4}$$

$$\frac{1}{2} - \frac{2}{5} \quad \frac{2}{2} \quad \frac{6}{6} \quad \frac{1}{2} \quad \frac{2}{3} \quad \frac{2}{2} - \frac{4}{6} \quad \frac{1}{6} \quad \frac{2}{4} \quad \frac{1}{3} \quad \frac{1}{4} \quad \frac{3}{4} \quad \frac{2}{4}$$

2/2 − 5/8 | 2/4 − 4/4 − 1/4 | 2/3 − 3/6 − 1/6 | 2/21 − 3/7 − 2/6 | 1/2 − 2/3 − 6

9/9 | 10/21 | 18/21 | 4/21 | 3/4 | 1/3 | 16/21 | 8/14 | 2/2

7/7 − 4/9 | 1/21 − 5/7 − 4/6 | 1/3 − 5/5 − 6/9 | 8/14 − 5/7 − 4/8 | 7/14 − 2/2 − 2/3

5/9 | 15/21 | 19/21 | 6/7 | 2/7 | 3/14 | 9/14 | 10/14 | 1/3

6/7 − 1/5 | 14/35 − 4/8 − 1/4 | 5/7 − 4/4 − 5/7 | 6/7 − 9/9 − 1/4 | 3/4 − 5/5 − 3/4

34/35 | 23/35 | 3/3 | 3/7 | 7/7 | 4/7 | 1/4 | 5/6 | 2/4

5/9 − 2/4 | 2/3 − 9/9 − 2/3 | 1/3 − 2/3 − 3/6 | 6/6 − 4/4 − 6/8 | 4/4

2/18 | 2/3 | 2/4 | 4/5 | 1/6 | 4/5 | 3/4 | 1/4 | 7/8

6/6 − 1/2 | 1/4 − 3/6 − 1/4 | 2/5 − 4/4 − 4/5 | 3/5 − 5/5 − 1/4 | 2/4 − 4/4 − 1/8

1/2 | 1/2 | 3/4 | 3/5 | 1/5 | 3/5 | 1/36 | 19/36 | 4/8

4/6 − 2/4 | 34/40 − 3/8 − 1/5 | 18/18 − 5/9 − 2/4 | 1/18 − 2/8 − 2/9 | 21/36 − 1/3 − 2/8

Time: 58   Score:

Fraction maze puzzle (start at ⚑ flag, finish at car).

Row 1: $\frac{5}{8} - \frac{2}{8}$ | $\frac{1}{2}$ | $\frac{3}{3} - \frac{2}{4}$ | $\frac{1}{4}$ | $\frac{1}{2} - \frac{1}{4}$ | $\frac{3}{4}$ | $\frac{5}{6} - \frac{1}{3}$ | $\frac{2}{2} - \frac{2}{2}$ | $\frac{1}{8}$

Row 2: $\frac{3}{8}$ | $\frac{1}{4}$ | $\frac{2}{2}$ | $\frac{7}{10}$ | $\frac{3}{10}$ | $\frac{1}{2}$ | $\frac{1}{18}$ | $\frac{2}{9}$ | $\frac{8}{9}$

Row 3: $\frac{8}{8} - \frac{3}{6}$ | $\frac{2}{3}$ | $\frac{6}{8}$ | $\frac{1}{2}$ | $\frac{8}{10}$ | $\frac{2}{4} - \frac{1}{5}$ | $\frac{10}{18}$ | $\frac{5}{6}$ | $\frac{7}{9}$ | $\frac{17}{18}$ | $\frac{8}{8} - \frac{5}{9}$

Row 4: $\frac{1}{2}$ | $\frac{4}{9}$ | $\frac{4}{9}$ | $\frac{2}{9}$ | $\frac{9}{10}$ | $\frac{4}{10}$ | $\frac{5}{8}$ | $\frac{2}{8}$ | $\frac{12}{18}$

Row 5: ⚑ $\frac{7}{9}$ | $\frac{6}{6} - \frac{1}{9}$ | $\frac{5}{9}$ | $\frac{6}{9}$ | $\frac{4}{7}$ | $\frac{8}{21}$ | $\frac{4}{4} - \frac{3}{8}$ | $\frac{8}{8}$ | $\frac{4}{8}$ | $\frac{1}{9}$

Row 6: $\frac{21}{28}$ | $\frac{9}{28}$ | $\frac{8}{9}$ | $\frac{9}{9}$ | $\frac{16}{18}$ | $\frac{4}{18}$ | $\frac{1}{5}$ | $\frac{1}{8}$ | $\frac{1}{21}$

Row 7: $\frac{4}{7} - \frac{1}{4}$ | $\frac{26}{28}$ | $\frac{2}{5} - \frac{2}{9}$ | $\frac{8}{45}$ | $\frac{5}{9} - \frac{1}{2}$ | $\frac{1}{18}$ | $\frac{2}{2}$ | $\frac{4}{5}$ | $\frac{2}{5}$ | $\frac{2}{3} - \frac{1}{7}$

Row 8: $\frac{17}{28}$ | $\frac{1}{5}$ | $\frac{2}{5}$ | $\frac{3}{5}$ | $\frac{14}{18}$ | $\frac{9}{18}$ | $\frac{3}{5}$ | $\frac{3}{4}$ | $\frac{3}{10}$

Row 9: $\frac{8}{9} - \frac{4}{8}$ | $\frac{4}{5}$ | $\frac{4}{4}$ | $\frac{4}{5}$ | $\frac{2}{5}$ | $\frac{7}{9}$ | $\frac{3}{9}$ | $\frac{7}{9}$ | $\frac{5}{5} - \frac{1}{4}$ | $\frac{3}{4}$ | $\frac{3}{5} - \frac{4}{8}$

Row 10: $\frac{12}{56}$ | $\frac{27}{56}$ | $\frac{4}{9}$ | $\frac{1}{2}$ | $\frac{2}{3}$ | $\frac{3}{5}$ | $\frac{8}{8}$ | $\frac{2}{2}$ | $\frac{2}{2}$

Row 11: $\frac{3}{7} - \frac{1}{8}$ | $\frac{17}{56}$ | $\frac{8}{9}$ | $\frac{7}{9}$ | $\frac{1}{9}$ | $\frac{2}{2} - \frac{2}{4}$ | $\frac{2}{2}$ | $\frac{4}{4}$ | $\frac{5}{8}$ | $\frac{8}{8}$ | $\frac{3}{3} - \frac{1}{2}$

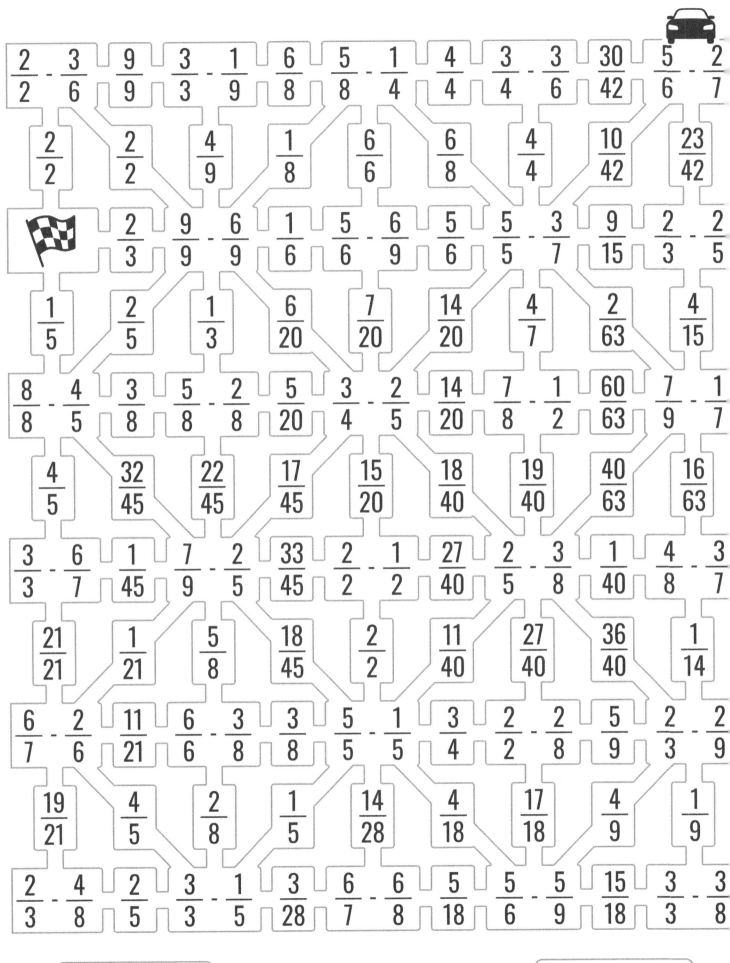

Puzzle 1	Puzzle 3	Puzzle 5	Puzzle 7	Puzzle 9
/3 - 5/8 = 3/8	6/9 - 4/8 = 1/6	5/5 - 2/8 = 3/4	5/7 - 5/8 = 5/56	3/3 - 5/8 = 3/8
/9 - 2/8 = 1/12	5/7 - 4/9 = 17/63	6/7 - 1/2 = 5/14	3/3 - 2/8 = 3/4	3/3 - 6/7 = 1/7
/8 - 3/8 = 1/2	2/4 - 1/5 = 3/10	6/6 - 1/3 = 2/3	7/7 - 3/5 = 2/5	2/2 - 2/5 = 3/5
/9 - 1/7 = 5/63	7/8 - 2/7 = 33/56	3/3 - 6/7 = 1/7	2/2 - 4/7 = 3/7	7/7 - 1/2 = 1/2
/5 - 2/5 = 1/5	6/9 - 1/4 = 5/12	4/5 - 1/5 = 3/5	3/3 - 2/9 = 7/9	4/4 - 1/4 = 3/4
/6 - 5/8 = 1/24	2/2 - 5/6 = 1/6	2/3 - 1/9 = 5/9	1/2 - 2/5 = 1/10	2/2 - 6/7 = 1/7
/6 - 2/5 = 4/15	5/5 - 1/2 = 1/2	2/3 - 4/8 = 1/6	5/7 - 1/2 = 3/14	3/4 - 1/6 = 7/12
/4 - 1/8 = 5/8	3/4 - 1/7 = 17/28	2/2 - 4/8 = 1/2	6/6 - 6/9 = 1/3	2/5 - 1/8 = 11/40
/3 - 4/7 = 3/7	3/3 - 3/6 = 1/2	8/9 - 1/2 = 7/18	4/4 - 5/8 = 3/8	7/8 - 2/3 = 5/24
/3 - 3/8 = 5/8	4/7 - 1/3 = 5/21	2/2 - 2/3 = 1/3	6/7 - 1/6 = 29/42	6/9 - 1/5 = 7/15
/2 - 4/5 = 1/5	2/3 - 3/5 = 1/15	5/9 - 3/9 = 2/9	3/3 - 3/8 = 5/8	4/4 - 2/3 = 1/3
/4 - 1/5 = 3/10	7/7 - 1/2 = 1/2	7/8 - 6/7 = 1/56	3/3 - 3/5 = 2/5	3/3 - 4/5 = 1/5
/2 - 1/2 = 1/2	7/8 - 5/6 = 1/24	2/3 - 1/3 = 1/3	8/8 - 5/8 = 3/8	3/3 - 2/8 = 3/4
/2 - 2/3 = 1/3	5/9 - 3/7 = 8/63	1/5 - 1/6 = 1/30	8/8 - 2/8 = 3/4	8/8 - 4/5 = 1/5
/3 - 1/7 = 11/21	7/7 - 2/5 = 3/5	4/4 - 5/6 = 1/6	2/2 - 1/5 = 4/5	2/2 - 2/6 = 2/3
/2 - 1/6 = 5/6	4/5 - 2/3 = 2/15	1/2 - 1/4 = 1/4	5/5 - 1/9 = 8/9	3/5 - 3/7 = 6/35
/8 - 7/9 = 7/72	2/2 - 1/9 = 8/9	4/4 - 1/2 = 1/2	5/9 - 3/8 = 13/72	4/5 - 1/3 = 7/15

Puzzle 2	Puzzle 4	Puzzle 6	Puzzle 8	Puzzle 10
/2 - 3/4 = 1/4	1/2 - 3/7 = 1/14	2/3 - 1/2 = 1/6	3/4 - 2/7 = 13/28	6/8 - 2/3 = 1/12
/4 - 2/7 = 5/7	2/4 - 2/9 = 5/18	3/9 - 2/8 = 1/12	4/4 - 1/2 = 1/2	3/6 - 3/8 = 1/8
/6 - 1/2 = 1/2	5/6 - 3/8 = 11/24	2/9 - 1/9 = 1/9	7/9 - 1/2 = 5/18	9/9 - 6/9 = 1/3
/2 - 1/8 = 3/8	5/6 - 1/3 = 1/2	8/8 - 2/4 = 1/2	2/5 - 2/7 = 4/35	5/5 - 1/6 = 5/6
/7 - 2/6 = 2/21	7/8 - 2/4 = 3/8	1/4 - 1/6 = 1/12	3/4 - 2/6 = 5/12	7/9 - 1/2 = 5/18
/8 - 2/5 = 1/10	3/3 - 3/5 = 2/5	3/5 - 2/4 = 1/10	4/5 - 6/8 = 1/20	6/7 - 5/7 = 1/7
/3 - 1/6 = 1/6	2/6 - 2/7 = 1/21	5/7 - 3/7 = 2/7	2/3 - 3/9 = 1/3	4/8 - 1/6 = 1/3
/2 - 1/8 = 7/8	1/4 - 1/5 = 1/20	4/9 - 2/6 = 1/9	5/6 - 1/4 = 7/12	6/9 - 5/9 = 1/9
/4 - 5/6 = 1/6	2/4 - 2/6 = 1/6	4/4 - 4/9 = 5/9	4/4 - 5/6 = 1/6	7/7 - 4/7 = 3/7
/6 - 7/8 = 1/8	5/5 - 3/4 = 1/4	2/2 - 3/6 = 1/2	1/2 - 2/5 = 1/10	2/4 - 2/7 = 3/14
/2 - 1/2 = 1/2	3/4 - 4/6 = 1/12	2/2 - 5/6 = 1/6	2/3 - 4/9 = 2/9	4/9 - 1/4 = 7/36
/2 - 3/5 = 2/5	1/2 - 1/6 = 1/3	1/2 - 1/4 = 1/4	4/4 - 4/5 = 1/5	6/8 - 1/5 = 11/20
/4 - 1/7 = 5/14	5/5 - 1/3 = 2/3	3/5 - 2/5 = 1/5	1/2 - 1/8 = 3/8	3/4 - 3/5 = 3/20
/9 - 3/4 = 1/36	9/9 - 3/4 = 1/4	3/4 - 4/6 = 1/12	2/2 - 2/5 = 3/5	5/5 - 6/7 = 1/7
/6 - 1/2 = 1/6	2/2 - 1/4 = 3/4	3/3 - 7/9 = 2/9	8/8 - 2/4 = 1/2	2/2 - 1/2 = 1/2
/7 - 3/8 = 3/56	2/2 - 1/5 = 4/5	5/7 - 2/3 = 1/21	7/7 - 3/4 = 1/4	2/2 - 1/4 = 3/4
/3 - 7/9 = 2/9	2/3 - 1/6 = 1/2	3/3 - 4/8 = 1/2	3/8 - 1/4 = 1/8	8/9 - 1/3 = 5/9

Puzzle 11	Puzzle 13	Puzzle 15	Puzzle 17	Puzzle 19
$2/2 - 1/2 = 1/2$	$7/8 - 6/7 = 1/56$	$2/4 - 2/9 = 5/18$	$4/4 - 1/2 = 1/2$	$2/2 - 1/7 = 6/7$
$7/8 - 2/3 = 5/24$	$2/3 - 1/5 = 7/15$	$7/7 - 2/8 = 3/4$	$2/2 - 4/6 = 1/3$	$7/8 - 4/5 = 3/40$
$7/9 - 3/6 = 5/18$	$4/8 - 2/5 = 1/10$	$3/7 - 1/9 = 20/63$	$3/9 - 2/7 = 1/21$	$7/7 - 5/7 = 2/7$
$2/4 - 2/8 = 1/4$	$2/2 - 2/3 = 1/3$	$3/5 - 2/5 = 1/5$	$9/9 - 5/6 = 1/6$	$2/3 - 1/2 = 1/6$
$1/2 - 3/9 = 1/6$	$7/7 - 2/5 = 3/5$	$6/6 - 1/2 = 1/2$	$5/8 - 4/9 = 13/72$	$5/9 - 1/2 = 1/18$
$5/5 - 5/8 = 3/8$	$6/6 - 1/2 = 1/2$	$7/8 - 1/5 = 27/40$	$3/6 - 1/4 = 1/4$	$3/4 - 2/7 = 13/28$
$3/3 - 1/9 = 8/9$	$2/3 - 2/5 = 4/15$	$4/4 - 2/6 = 2/3$	$2/2 - 7/8 = 1/8$	$7/7 - 7/9 = 2/9$
$6/7 - 4/9 = 26/63$	$5/5 - 3/5 = 2/5$	$8/9 - 1/5 = 31/45$	$4/4 - 2/3 = 1/3$	$2/2 - 4/5 = 1/5$
$3/6 - 2/6 = 1/6$	$3/8 - 2/9 = 11/72$	$3/3 - 4/7 = 3/7$	$6/6 - 2/7 = 5/7$	$8/9 - 5/7 = 11/63$
$5/7 - 3/6 = 3/14$	$2/3 - 1/2 = 1/6$	$7/8 - 1/6 = 17/24$	$2/2 - 2/4 = 1/2$	$7/7 - 5/9 = 4/9$
$9/9 - 1/4 = 3/4$	$6/8 - 6/9 = 1/12$	$7/8 - 2/3 = 5/24$	$4/9 - 2/6 = 1/9$	$2/2 - 4/6 = 1/3$
$1/3 - 1/9 = 2/9$	$2/4 - 4/9 = 1/18$	$5/6 - 3/4 = 1/12$	$3/6 - 3/8 = 1/8$	$4/5 - 5/7 = 3/35$
$5/8 - 4/9 = 13/72$	$5/8 - 1/7 = 27/56$	$1/2 - 1/9 = 7/18$	$5/7 - 2/8 = 13/28$	$6/6 - 4/5 = 1/5$
$7/7 - 8/9 = 1/9$	$3/4 - 2/3 = 1/12$	$9/9 - 1/5 = 4/5$	$4/4 - 3/5 = 2/5$	$4/5 - 1/3 = 7/15$
$3/3 - 2/6 = 2/3$	$6/8 - 3/5 = 3/20$	$8/9 - 2/4 = 7/18$	$5/7 - 1/8 = 33/56$	$6/7 - 3/6 = 5/14$
$6/9 - 1/9 = 5/9$	$5/7 - 1/2 = 3/14$	$6/7 - 2/8 = 17/28$	$7/9 - 1/5 = 26/45$	$2/5 - 1/6 = 7/30$
$5/6 - 3/4 = 1/12$	$2/2 - 3/5 = 2/5$	$9/9 - 1/3 = 2/3$	$4/4 - 4/5 = 1/5$	$4/5 - 5/9 = 11/45$

Puzzle 12	Puzzle 14	Puzzle 16	Puzzle 18	Puzzle 20
$8/9 - 4/7 = 20/63$	$3/8 - 1/4 = 1/8$	$3/4 - 2/5 = 7/20$	$4/6 - 1/4 = 5/12$	$7/7 - 4/5 = 1/5$
$5/8 - 1/9 = 37/72$	$8/9 - 3/6 = 7/18$	$2/5 - 2/9 = 8/45$	$2/9 - 1/6 = 1/18$	$3/5 - 2/4 = 1/10$
$5/7 - 1/4 = 13/28$	$2/2 - 2/3 = 1/3$	$5/5 - 1/2 = 1/2$	$3/3 - 1/9 = 8/9$	$3/3 - 4/7 = 3/7$
$6/8 - 1/5 = 11/20$	$3/5 - 1/8 = 19/40$	$8/9 - 2/7 = 38/63$	$4/6 - 1/3 = 1/3$	$2/4 - 3/9 = 1/6$
$6/6 - 5/6 = 1/6$	$9/9 - 4/6 = 1/3$	$4/4 - 7/8 = 1/8$	$2/2 - 7/8 = 1/8$	$4/4 - 7/9 = 2/9$
$2/2 - 2/3 = 1/3$	$7/8 - 2/4 = 3/8$	$1/3 - 2/9 = 1/9$	$6/6 - 1/7 = 6/7$	$4/9 - 2/5 = 2/45$
$5/8 - 1/5 = 17/40$	$2/2 - 5/6 = 1/6$	$4/5 - 1/9 = 31/45$	$2/2 - 6/8 = 1/4$	$1/2 - 1/6 = 1/3$
$5/9 - 2/8 = 11/36$	$5/5 - 5/8 = 3/8$	$5/6 - 1/4 = 7/12$	$3/4 - 2/9 = 19/36$	$2/4 - 2/5 = 1/10$
$6/6 - 1/2 = 1/2$	$8/8 - 7/8 = 1/8$	$4/4 - 1/7 = 6/7$	$3/5 - 2/4 = 1/10$	$5/8 - 2/5 = 9/40$
$5/6 - 1/2 = 1/3$	$1/3 - 1/6 = 1/6$	$4/5 - 2/5 = 2/5$	$4/5 - 1/2 = 3/10$	$1/2 - 2/6 = 1/6$
$5/8 - 3/6 = 1/8$	$4/4 - 6/8 = 1/4$	$2/2 - 7/8 = 1/8$	$4/6 - 1/2 = 1/6$	$3/3 - 4/5 = 1/5$
$2/2 - 1/2 = 1/2$	$5/5 - 1/3 = 2/3$	$3/3 - 1/2 = 1/2$	$3/3 - 1/5 = 4/5$	$5/5 - 1/2 = 1/2$
$2/4 - 1/6 = 1/3$	$4/4 - 4/6 = 1/3$	$1/3 - 2/8 = 1/12$	$7/9 - 1/2 = 5/18$	$4/4 - 2/3 = 1/3$
$4/5 - 3/9 = 7/15$	$5/6 - 5/8 = 5/24$	$5/5 - 1/6 = 5/6$	$2/5 - 1/3 = 1/15$	$5/7 - 2/4 = 3/14$
$3/5 - 2/5 = 1/5$	$5/7 - 3/7 = 2/7$	$5/6 - 4/7 = 11/42$	$3/6 - 1/6 = 1/3$	$4/8 - 2/6 = 1/6$
$2/2 - 5/7 = 2/7$	$1/3 - 2/7 = 1/21$	$2/3 - 1/5 = 7/15$	$3/4 - 1/2 = 1/4$	$3/9 - 2/9 = 1/9$
$1/2 - 3/7 = 1/14$	$2/5 - 1/5 = 1/5$	$2/5 - 3/8 = 1/40$	$2/2 - 1/3 = 2/3$	$5/5 - 4/5 = 1/5$

Puzzle 21

/7 - 2/3 = 1/3
/5 - 2/6 = 4/15
/3 - 1/9 = 5/9
/6 - 1/4 = 7/12
/3 - 3/6 = 1/6
/9 - 2/7 = 17/63
/3 - 3/4 = 1/4
/7 - 1/2 = 5/14
/8 - 1/4 = 1/2
/7 - 4/8 = 3/14
/4 - 2/8 = 1/2
/8 - 1/6 = 1/3
/6 - 1/2 = 1/2
/3 - 1/5 = 7/15
/5 - 1/9 = 13/45
/6 - 1/5 = 4/5
/6 - 7/8 = 1/8

Puzzle 22

/9 - 2/6 = 5/9
/2 - 1/3 = 1/6
/7 - 7/9 = 5/63
/5 - 1/6 = 7/30
/2 - 2/9 = 5/18
/2 - 6/8 = 1/4
/9 - 3/7 = 29/63
/8 - 1/3 = 7/24
/3 - 1/3 = 1/3
/5 - 7/8 = 1/8
/9 - 4/5 = 1/5
/4 - 3/4 = 1/4
/2 - 1/3 = 2/3
/4 - 3/8 = 3/8
/5 - 5/6 = 1/6
/2 - 2/4 = 1/2
/6 - 2/4 = 1/6

Puzzle 23

4/5 - 1/3 = 7/15
2/3 - 2/8 = 5/12
3/6 - 2/8 = 1/4
5/5 - 1/8 = 7/8
7/9 - 1/8 = 47/72
5/5 - 1/4 = 3/4
4/4 - 5/6 = 1/6
5/6 - 1/3 = 1/2
1/2 - 2/8 = 1/4
5/5 - 4/5 = 1/5
4/7 - 2/7 = 2/7
6/8 - 2/6 = 5/12
7/9 - 2/3 = 1/9
3/3 - 3/7 = 4/7
1/5 - 1/7 = 2/35
3/7 - 1/5 = 8/35
2/2 - 7/9 = 2/9

Puzzle 24

2/3 - 1/5 = 7/15
5/5 - 1/3 = 2/3
4/9 - 1/3 = 1/9
6/7 - 1/7 = 5/7
2/6 - 1/6 = 1/6
3/3 - 5/7 = 2/7
3/5 - 1/3 = 4/15
4/9 - 2/9 = 2/9
5/8 - 4/9 = 13/72
4/5 - 2/7 = 18/35
2/5 - 1/3 = 1/15
4/7 - 1/7 = 3/7
2/2 - 7/9 = 2/9
4/4 - 3/4 = 1/4
6/7 - 2/9 = 40/63
2/6 - 1/7 = 4/21
4/4 - 5/6 = 1/6

Puzzle 25

3/7 - 1/3 = 2/21
3/4 - 5/7 = 1/28
6/6 - 3/9 = 2/3
5/5 - 2/5 = 3/5
4/4 - 5/7 = 2/7
2/2 - 1/2 = 1/2
8/9 - 1/6 = 13/18
2/3 - 1/4 = 5/12
9/9 - 7/8 = 1/8
5/6 - 2/7 = 23/42
8/9 - 2/3 = 2/9
3/9 - 1/6 = 1/6
4/6 - 1/5 = 7/15
3/3 - 2/3 = 1/3
6/8 - 2/3 = 1/12
5/7 - 3/5 = 4/35
8/8 - 6/9 = 1/3

Puzzle 26

2/5 - 2/6 = 1/15
6/7 - 5/7 = 1/7
5/7 - 2/4 = 3/14
2/2 - 1/2 = 1/2
3/7 - 2/5 = 1/35
1/2 - 4/9 = 1/18
9/9 - 3/4 = 1/4
2/2 - 2/3 = 1/3
1/2 - 2/7 = 3/14
2/2 - 2/7 = 5/7
2/6 - 1/6 = 1/6
6/7 - 1/4 = 17/28
5/6 - 2/9 = 11/18
3/3 - 5/8 = 3/8
2/3 - 4/7 = 2/21
4/5 - 1/3 = 7/15
8/9 - 1/8 = 55/72

Puzzle 27

4/5 - 1/2 = 3/10
5/8 - 3/7 = 11/56
6/8 - 1/5 = 11/20
7/7 - 3/8 = 5/8
3/4 - 2/3 = 1/12
5/7 - 1/5 = 18/35
5/6 - 4/9 = 7/18
3/3 - 4/5 = 1/5
5/9 - 1/6 = 7/18
2/5 - 1/3 = 1/15
1/4 - 1/6 = 1/12
3/3 - 1/2 = 1/2
2/4 - 2/6 = 1/6
3/3 - 2/5 = 3/5
7/9 - 4/6 = 1/9
7/7 - 3/4 = 1/4
4/7 - 4/9 = 8/63

Puzzle 28

5/6 - 1/6 = 2/3
2/2 - 4/5 = 1/5
5/5 - 2/6 = 2/3
6/6 - 4/7 = 3/7
3/4 - 1/3 = 5/12
4/6 - 1/3 = 1/3
3/5 - 2/9 = 17/45
1/2 - 1/6 = 1/3
8/9 - 4/6 = 2/9
5/5 - 1/2 = 1/2
4/8 - 1/3 = 1/6
1/2 - 3/7 = 1/14
6/8 - 3/8 = 3/8
6/6 - 1/2 = 1/2
5/8 - 3/5 = 1/40
2/2 - 3/6 = 1/2
3/4 - 3/5 = 3/20

Puzzle 29

2/2 - 2/6 = 2/3
1/2 - 3/9 = 1/6
3/5 - 1/4 = 7/20
7/9 - 2/9 = 5/9
5/7 - 2/3 = 1/21
2/2 - 6/8 = 1/4
4/4 - 3/5 = 2/5
2/6 - 2/7 = 1/21
6/7 - 3/7 = 3/7
7/9 - 1/5 = 26/45
7/8 - 1/5 = 27/40
4/5 - 3/6 = 3/10
4/6 - 2/9 = 4/9
3/3 - 1/3 = 2/3
3/6 - 2/8 = 1/4
3/3 - 3/5 = 2/5
4/6 - 1/3 = 1/3

Puzzle 30

3/3 - 3/4 = 1/4
2/2 - 2/8 = 3/4
5/7 - 2/3 = 1/21
2/2 - 3/5 = 2/5
8/8 - 6/9 = 1/3
6/6 - 1/6 = 5/6
2/2 - 5/9 = 4/9
5/8 - 3/6 = 1/8
3/3 - 5/6 = 1/6
6/6 - 5/7 = 2/7
3/4 - 4/7 = 5/28
3/3 - 3/9 = 2/3
5/6 - 3/4 = 1/12
6/6 - 2/3 = 1/3
9/9 - 1/3 = 2/3
8/8 - 1/6 = 5/6
6/6 - 2/9 = 7/9

Puzzle 31

7/8 - 3/4 = 1/8
6/7 - 1/8 = 41/56
2/2 - 2/6 = 2/3
4/4 - 5/9 = 4/9
6/8 - 1/8 = 5/8
2/7 - 1/4 = 1/28
1/2 - 1/3 = 1/6
5/6 - 1/7 = 29/42
2/2 - 4/5 = 1/5
5/5 - 5/6 = 1/6
5/5 - 1/5 = 4/5
9/9 - 2/3 = 1/3
3/5 - 2/4 = 1/10
7/8 - 7/9 = 7/72
2/5 - 1/4 = 3/20
2/3 - 3/8 = 7/24
4/9 - 2/5 = 2/45

Puzzle 32

3/4 - 2/3 = 1/12
2/2 - 1/2 = 1/2
3/3 - 4/7 = 3/7
3/3 - 1/3 = 2/3
4/8 - 1/9 = 7/18
5/6 - 7/9 = 1/18
2/3 - 5/8 = 1/24
4/7 - 5/9 = 1/63
2/2 - 3/5 = 2/5
4/4 - 1/2 = 1/2
7/8 - 3/5 = 11/40
2/3 - 1/5 = 7/15
4/7 - 1/4 = 9/28
4/5 - 1/8 = 27/40
5/9 - 1/7 = 26/63
5/7 - 1/7 = 4/7
2/2 - 4/5 = 1/5

Puzzle 33

4/8 - 2/6 = 1/6
2/4 - 4/9 = 1/18
3/7 - 1/3 = 2/21
4/5 - 3/5 = 1/5
3/4 - 1/4 = 1/2
2/8 - 1/5 = 1/20
8/9 - 5/6 = 1/18
4/6 - 3/6 = 1/6
2/2 - 2/5 = 3/5
8/9 - 3/8 = 37/72
2/4 - 1/4 = 1/4
5/5 - 3/5 = 2/5
3/7 - 1/4 = 5/28
4/5 - 1/7 = 23/35
7/8 - 5/6 = 1/24
4/5 - 4/9 = 16/45
3/3 - 1/3 = 2/3

Puzzle 34

5/5 - 1/8 = 7/8
7/7 - 3/4 = 1/4
3/3 - 4/6 = 1/3
8/9 - 1/2 = 7/18
2/2 - 5/7 = 2/7
3/3 - 1/2 = 1/2
3/5 - 4/7 = 1/35
4/4 - 3/8 = 5/8
4/7 - 1/2 = 1/14
2/2 - 3/4 = 1/4
5/8 - 3/9 = 7/24
5/6 - 1/8 = 17/24
7/7 - 4/5 = 1/5
5/5 - 8/9 = 1/9
6/7 - 4/5 = 2/35
6/7 - 2/4 = 5/14
9/9 - 6/7 = 1/7

Puzzle 35

1/2 - 2/5 = 1/10
4/6 - 4/9 = 2/9
6/7 - 4/7 = 2/7
4/6 - 1/2 = 1/6
9/9 - 7/9 = 2/9
3/7 - 2/9 = 13/63
7/9 - 2/6 = 4/9
2/3 - 1/3 = 1/3
3/7 - 1/4 = 5/28
4/5 - 4/6 = 2/15
8/8 - 1/5 = 4/5
9/9 - 2/3 = 1/3
5/5 - 1/4 = 3/4
6/9 - 1/5 = 7/15
4/4 - 1/6 = 5/6
2/2 - 2/3 = 1/3
1/2 - 2/9 = 5/18

Puzzle 36

2/4 - 4/9 = 1/18
3/5 - 4/9 = 7/45
2/2 - 7/8 = 1/8
4/6 - 4/9 = 2/9
7/8 - 4/6 = 5/24
9/9 - 2/3 = 1/3
3/4 - 2/4 = 1/4
1/4 - 1/6 = 1/12
1/2 - 1/4 = 1/4
2/2 - 1/3 = 2/3
3/4 - 3/5 = 3/20
8/8 - 1/4 = 3/4
3/4 - 6/9 = 1/12
3/5 - 2/4 = 1/10
4/4 - 4/7 = 3/7
5/8 - 3/6 = 1/8
4/6 - 1/5 = 7/15

Puzzle 37

4/4 - 5/6 = 1/6
5/7 - 4/9 = 17/63
2/3 - 4/9 = 2/9
4/6 - 5/9 = 1/9
2/2 - 2/7 = 5/7
2/4 - 4/9 = 1/18
6/7 - 1/4 = 17/28
3/4 - 2/4 = 1/4
3/4 - 2/3 = 1/12
2/3 - 1/2 = 1/6
2/2 - 4/9 = 5/9
8/9 - 5/8 = 19/72
9/9 - 2/3 = 1/3
4/5 - 3/4 = 1/20
2/3 - 2/4 = 1/6
4/4 - 6/8 = 1/4
2/5 - 2/8 = 3/20

Puzzle 38

4/4 - 6/9 = 1/3
7/9 - 2/4 = 5/18
6/7 - 1/2 = 5/14
8/9 - 2/4 = 7/18
5/9 - 1/8 = 31/72
6/6 - 5/6 = 1/6
4/6 - 5/8 = 1/24
7/8 - 1/3 = 13/24
5/8 - 3/5 = 1/40
2/2 - 4/6 = 1/3
2/2 - 3/7 = 4/7
5/8 - 2/8 = 3/8
8/8 - 5/6 = 1/6
3/4 - 2/9 = 19/36
3/3 - 3/4 = 1/4
2/4 - 1/3 = 1/6
6/8 - 1/6 = 7/12

Puzzle 39

1/3 - 2/9 = 1/9
7/8 - 1/5 = 27/40
3/8 - 1/4 = 1/8
7/9 - 5/7 = 4/63
8/9 - 2/9 = 2/3
1/2 - 2/5 = 1/10
3/5 - 1/3 = 4/15
2/2 - 1/4 = 3/4
4/5 - 1/3 = 7/15
2/2 - 6/9 = 1/3
6/6 - 2/5 = 3/5
1/2 - 1/3 = 1/6
3/3 - 1/3 = 2/3
2/5 - 1/4 = 3/20
9/9 - 2/8 = 3/4
2/2 - 2/6 = 2/3
5/6 - 2/9 = 11/18

Puzzle 40

7/7 - 6/7 = 1/7
5/5 - 3/7 = 4/7
8/8 - 1/4 = 3/4
2/7 - 1/4 = 1/28
1/3 - 1/4 = 1/12
5/8 - 4/9 = 13/72
1/2 - 2/7 = 3/14
1/3 - 1/9 = 2/9
2/3 - 2/6 = 1/3
2/3 - 4/8 = 1/6
6/8 - 2/3 = 1/12
7/7 - 3/5 = 2/5
7/9 - 2/3 = 1/9
7/8 - 4/8 = 3/8
2/3 - 2/9 = 4/9
2/3 - 3/9 = 1/3
4/4 - 1/7 = 6/7

Puzzle 41

/5 - 1/6 = 19/30
/4 - 2/5 = 1/10
/8 - 1/8 = 3/4
/9 - 1/8 = 13/24
/3 - 2/7 = 1/21
/4 - 2/4 = 1/4
/4 - 1/2 = 1/2
/2 - 1/3 = 2/3
/3 - 5/7 = 2/7
/2 - 4/5 = 1/5
/7 - 1/4 = 9/28
/4 - 1/5 = 3/10
/3 - 5/6 = 1/6
/4 - 1/5 = 11/20
/7 - 2/8 = 9/28
/8 - 7/9 = 2/9
/4 - 1/4 = 1/2

Puzzle 42

/3 - 2/3 = 1/3
/6 - 1/3 = 1/6
/2 - 1/7 = 6/7
/4 - 2/5 = 7/20
/2 - 2/7 = 5/7
/7 - 1/2 = 5/14
/3 - 2/7 = 5/7
/2 - 6/7 = 1/7
/6 - 1/7 = 4/21
/2 - 1/4 = 1/4
/8 - 1/7 = 27/56
/2 - 1/2 = 1/2
/6 - 1/2 = 1/6
/5 - 2/8 = 3/20
/7 - 4/6 = 4/21
/6 - 1/3 = 1/2
/8 - 2/5 = 7/20

Puzzle 43

8/9 - 2/8 = 23/36
5/8 - 1/2 = 1/8
1/5 - 1/7 = 2/35
3/5 - 2/8 = 7/20
7/9 - 4/8 = 5/18
4/4 - 7/9 = 2/9
3/4 - 1/3 = 5/12
7/8 - 2/4 = 3/8
5/9 - 2/5 = 7/45
6/6 - 2/3 = 1/3
8/9 - 1/2 = 7/18
3/3 - 6/8 = 1/4
6/9 - 3/5 = 1/15
5/5 - 3/7 = 4/7
8/8 - 1/4 = 3/4
2/7 - 2/8 = 1/28
2/8 - 1/5 = 1/20

Puzzle 44

4/6 - 2/4 = 1/6
5/5 - 6/9 = 1/3
3/6 - 1/4 = 1/4
6/8 - 1/5 = 11/20
2/3 - 1/8 = 13/24
3/3 - 4/5 = 1/5
5/6 - 6/8 = 1/12
2/2 - 1/9 = 8/9
5/5 - 4/7 = 3/7
2/2 - 5/8 = 3/8
8/9 - 2/9 = 2/3
6/7 - 2/3 = 4/21
7/7 - 4/5 = 1/5
9/9 - 3/7 = 4/7
5/9 - 1/4 = 11/36
2/4 - 1/9 = 7/18
2/2 - 3/7 = 4/7

Puzzle 45

4/4 - 3/7 = 4/7
2/4 - 1/4 = 1/4
5/5 - 2/3 = 1/3
1/3 - 2/9 = 1/9
2/3 - 5/8 = 1/24
7/8 - 1/2 = 3/8
5/9 - 4/8 = 1/18
3/3 - 1/2 = 1/2
5/9 - 1/7 = 26/63
9/9 - 1/5 = 4/5
5/6 - 1/4 = 7/12
3/3 - 4/5 = 1/5
2/5 - 2/6 = 1/15
6/7 - 5/8 = 13/56
6/6 - 3/4 = 1/4
2/4 - 1/5 = 3/10
2/3 - 1/3 = 1/3

Puzzle 46

7/7 - 5/8 = 3/8
7/8 - 4/7 = 17/56
2/3 - 1/4 = 5/12
4/4 - 5/6 = 1/6
5/7 - 1/4 = 13/28
3/3 - 7/9 = 2/9
3/3 - 2/4 = 1/2
2/2 - 7/8 = 1/8
2/2 - 1/2 = 1/2
2/3 - 1/9 = 5/9
2/4 - 1/4 = 1/4
4/4 - 1/2 = 1/2
3/5 - 1/4 = 7/20
1/2 - 3/8 = 1/8
3/5 - 2/7 = 11/35
4/5 - 1/5 = 3/5
5/8 - 1/2 = 1/8

Puzzle 47

6/8 - 1/7 = 17/28
5/8 - 1/8 = 1/2
3/3 - 4/7 = 3/7
4/8 - 1/8 = 3/8
2/6 - 1/6 = 1/6
1/2 - 1/6 = 1/3
6/7 - 7/9 = 5/63
2/2 - 4/9 = 5/9
7/9 - 1/9 = 2/3
3/4 - 2/5 = 7/20
4/4 - 7/8 = 1/8
5/5 - 2/6 = 2/3
4/8 - 1/5 = 3/10
1/3 - 2/7 = 1/21
9/9 - 4/5 = 1/5
2/2 - 1/6 = 5/6
1/2 - 3/9 = 1/6

Puzzle 48

3/3 - 1/2 = 1/2
1/3 - 2/9 = 1/9
1/4 - 1/5 = 1/20
9/9 - 2/5 = 3/5
9/9 - 3/7 = 4/7
7/7 - 5/7 = 2/7
3/4 - 2/8 = 1/2
2/3 - 1/3 = 1/3
2/3 - 1/2 = 1/6
6/9 - 3/5 = 1/15
4/7 - 2/5 = 6/35
4/4 - 1/8 = 7/8
7/8 - 1/4 = 5/8
4/9 - 1/5 = 11/45
5/5 - 1/3 = 2/3
2/7 - 1/8 = 9/56
6/7 - 5/8 = 13/56

Puzzle 49

5/8 - 2/4 = 1/8
4/4 - 8/9 = 1/9
4/5 - 3/6 = 3/10
3/4 - 2/7 = 13/28
1/2 - 2/6 = 1/6
3/3 - 2/3 = 1/3
6/7 - 1/5 = 23/35
2/2 - 4/9 = 5/9
7/9 - 3/4 = 1/36
4/4 - 3/4 = 1/4
4/4 - 4/7 = 3/7
3/3 - 3/5 = 2/5
7/8 - 5/9 = 23/72
4/7 - 3/9 = 5/21
3/8 - 1/6 = 5/24
3/4 - 5/7 = 1/28
1/2 - 2/9 = 5/18

Puzzle 50

3/5 - 2/5 = 1/5
6/6 - 2/3 = 1/3
2/2 - 7/8 = 1/8
4/8 - 1/3 = 1/6
3/3 - 1/5 = 4/5
5/5 - 5/7 = 2/7
3/7 - 2/5 = 1/35
8/9 - 2/6 = 5/9
4/8 - 1/8 = 3/8
3/3 - 2/4 = 1/2
6/6 - 2/9 = 7/9
4/4 - 2/5 = 3/5
6/6 - 5/6 = 1/6
5/5 - 1/2 = 1/2
3/5 - 3/6 = 1/10
4/7 - 3/7 = 1/7
5/8 - 1/3 = 7/24

Puzzle 51
4/4 - 2/9 = 7/9
4/6 - 2/7 = 8/21
1/3 - 1/9 = 2/9
4/5 - 2/3 = 2/15
8/9 - 2/8 = 23/36
1/2 - 1/3 = 1/6
3/7 - 3/9 = 2/21
5/8 - 2/6 = 7/24
3/7 - 3/8 = 3/56
6/9 - 1/7 = 11/21
3/6 - 2/7 = 3/14
4/8 - 1/5 = 3/10
6/6 - 4/7 = 3/7
3/4 - 1/8 = 5/8
4/6 - 3/6 = 1/6
5/9 - 3/6 = 1/18
3/5 - 1/2 = 1/10

Puzzle 52
5/5 - 1/6 = 5/6
2/2 - 5/7 = 2/7
2/4 - 1/7 = 5/14
3/5 - 1/2 = 1/10
2/2 - 2/9 = 7/9
8/8 - 8/9 = 1/9
9/9 - 6/8 = 1/4
1/2 - 1/5 = 3/10
1/4 - 1/7 = 3/28
4/7 - 2/4 = 1/14
2/2 - 6/9 = 1/3
2/2 - 1/2 = 1/2
3/6 - 2/6 = 1/6
2/2 - 6/7 = 1/7
3/3 - 2/3 = 1/3
4/5 - 1/8 = 27/40
4/7 - 3/9 = 5/21

Puzzle 53
2/5 - 1/9 = 13/45
2/8 - 2/9 = 1/36
2/3 - 1/3 = 1/3
3/3 - 1/8 = 7/8
5/6 - 3/4 = 1/12
5/6 - 1/7 = 29/42
2/5 - 1/7 = 9/35
5/9 - 2/8 = 11/36
6/9 - 2/5 = 4/15
2/3 - 3/5 = 1/15
2/2 - 2/3 = 1/3
5/6 - 2/8 = 7/12
7/8 - 1/4 = 5/8
7/7 - 1/4 = 3/4
4/7 - 1/6 = 17/42
2/4 - 2/6 = 1/6
2/2 - 1/2 = 1/2

Puzzle 54
7/7 - 2/5 = 3/5
7/7 - 2/3 = 1/3
7/9 - 1/2 = 5/18
7/8 - 2/4 = 3/8
3/5 - 2/9 = 17/45
5/6 - 1/2 = 1/3
2/3 - 5/9 = 1/9
7/9 - 6/8 = 1/36
2/2 - 1/6 = 5/6
6/9 - 5/8 = 1/24
7/8 - 2/9 = 47/72
6/6 - 4/5 = 1/5
3/4 - 1/2 = 1/4
1/2 - 3/7 = 1/14
7/9 - 4/6 = 1/9
7/7 - 5/9 = 4/9
9/9 - 2/3 = 1/3

Puzzle 55
1/2 - 4/9 = 1/18
3/3 - 2/4 = 1/2
5/5 - 6/7 = 1/7
4/5 - 4/6 = 2/15
7/9 - 1/3 = 4/9
4/8 - 1/7 = 5/14
6/9 - 1/5 = 7/15
3/5 - 1/4 = 7/20
2/6 - 1/5 = 2/15
7/7 - 4/7 = 3/7
3/5 - 2/7 = 11/35
4/6 - 2/9 = 4/9
2/8 - 1/5 = 1/20
2/4 - 2/6 = 1/6
4/6 - 1/4 = 5/12
2/3 - 3/9 = 1/3
8/8 - 1/6 = 5/6

Puzzle 56
8/8 - 1/2 = 1/2
4/5 - 1/4 = 11/20
2/2 - 1/5 = 4/5
4/4 - 3/7 = 4/7
6/9 - 2/7 = 8/21
5/8 - 1/2 = 1/8
5/7 - 2/7 = 3/7
2/5 - 2/9 = 8/45
1/2 - 2/6 = 1/6
5/5 - 1/8 = 7/8
3/4 - 5/7 = 1/28
5/8 - 1/3 = 7/24
2/5 - 2/6 = 1/15
2/8 - 1/8 = 1/8
6/7 - 4/5 = 2/35
6/6 - 1/4 = 3/4
2/2 - 1/6 = 5/6

Puzzle 57
3/4 - 2/4 = 1/4
2/4 - 1/3 = 1/6
2/2 - 4/6 = 1/3
5/8 - 1/2 = 1/8
1/2 - 1/3 = 1/6
2/2 - 2/8 = 3/4
5/5 - 4/5 = 1/5
1/3 - 1/4 = 1/12
4/9 - 3/9 = 1/9
5/5 - 1/6 = 5/6
1/2 - 1/4 = 1/4
7/7 - 2/3 = 1/3
3/9 - 1/4 = 1/12
5/8 - 1/5 = 17/40
2/4 - 2/8 = 1/4
1/2 - 4/9 = 1/18
5/5 - 5/7 = 2/7

Puzzle 58
2/3 - 1/6 = 1/2
3/7 - 2/6 = 2/21
3/6 - 1/6 = 1/3
5/7 - 4/8 = 3/14
4/4 - 5/7 = 2/7
5/5 - 6/9 = 1/3
5/7 - 4/6 = 1/21
7/7 - 4/9 = 5/9
6/7 - 1/5 = 23/35
9/9 - 2/3 = 1/3
2/3 - 3/6 = 1/6
4/4 - 4/5 = 1/5
5/9 - 2/4 = 1/18
2/8 - 2/9 = 1/36
5/5 - 1/4 = 3/4
4/4 - 6/8 = 1/4
4/4 - 1/8 = 7/8

Puzzle 59
3/7 - 1/8 = 17/56
8/9 - 7/9 = 1/9
2/2 - 2/4 = 1/2
4/4 - 4/5 = 1/5
4/7 - 1/4 = 9/28
6/6 - 1/9 = 8/9
2/5 - 2/9 = 8/45
5/9 - 1/2 = 1/18
2/2 - 4/5 = 1/5
4/4 - 3/8 = 5/8
5/6 - 7/9 = 1/18
5/6 - 1/3 = 1/2
2/4 - 1/5 = 3/10
1/2 - 1/4 = 1/4
3/3 - 2/4 = 1/2
5/8 - 2/8 = 3/8
8/8 - 3/6 = 1/2

Puzzle 60
5/6 - 2/7 = 23/42
2/3 - 2/5 = 4/15
7/9 - 1/7 = 40/63
2/5 - 3/8 = 1/40
4/8 - 3/7 = 1/14
2/3 - 2/9 = 4/9
5/6 - 5/9 = 5/18
6/7 - 6/8 = 3/28
3/3 - 1/5 = 4/5
6/7 - 2/6 = 11/21
6/6 - 3/8 = 5/8
7/9 - 2/5 = 17/45
3/4 - 2/5 = 7/20
5/6 - 6/9 = 1/6
9/9 - 6/9 = 1/3
5/8 - 2/8 = 3/8
8/8 - 4/5 = 1/5

Made in the USA
Middletown, DE
28 January 2025

70403222R00040